新版

Q&A 不動産の有効活用のための

等価交換マンション事業のすすめ方

旭化成不動産レジデンス
マンション建替え研究所

大木　祐悟
重水　丈人

◀不動産の有効活用を検討するときの留意点を教えてください▶
◀等価交換マンション事業の概要を教えてください▶
◀等価交換マンション事業を有効に利用できるケースを教えてください▶
◀等価交換マンション事業には、どのような税金がかかりますか▶
◀等価交換マンション事業の事例▶

PROGRES
プログレス

は じ め に

　低金利が続く中で，土地の有効活用について検討をする人が増えていますが，わが国は人口減社会に突入していることに加えて，新型コロナウィルス等の影響で世の中が大きく変わろうとしていることから，具体的な進め方について悩んでいる人が多い状況でもあります。

　こうしたなかで，大都市圏で容積率が高い土地を有するとき，「等価交換マンション」は，活用に際して有効な選択肢の一つとなります。

　また，前述のような社会状況にありながら，大都市圏のマンションにかかるニーズは底堅い一方で，マンションに適した土地が少なくなっている中で，最近では分譲マンションの供給方法としても「等価交換方式」は有効な手法として見直されています。

　ところで，等価交換マンション事業も事業であるからには，メリットと留意すべき点があります。そのため，具体的な検討を進める際には，これらの点を比較考量したうえで事業の可否の判断をすることが必要です。これらのニーズにこたえるために本書を上程することとしました。

　本書では，旭化成不動産レジデンス㈱がこの30年ほどの間に実現した等価交換マンション事業（150事例強）を分析する中で，土地活用の考え方から，等価交換マンションの具体的な実務までをＱ＆Ａ方式で解説しています。また，等価交換マンションによる典型的な問題解決事例の紹介もしていますので，今後の活用の際の参考としていただければ幸いに思います。

　なお，等価交換マンション事業の解説については，税理士・不動産鑑

定士の鵜野和夫先生の名著『等価交換方式の計画と税務』と『問答式・等価交換方式の実務』がありますが，残念ながらこの二冊の本は絶版となっています。また，同じく鵜野先生著の『不動産の評価・権利調整と税務』においても，等価交換マンション事業について解説されていますので，理論についてはこれらの本をご確認いただきたく思います。

　最後になりますが，本書の出版にあたっては，プログレスの野々内邦夫さんに大変お世話になりました。この場を借りてお礼を申し上げます。

2024年11月5日

大　木　祐　悟

重　水　丈　人

目　次

1　不動産の有効活用を検討するときの留意点を教えてください。

❶土地の有効活用に際しては，どのような点に留意すればよいでしょうか？　*2*

❷土地の有効活用には，どのような選択肢がありますか？　また，借地権にはいろいろな類型があるようですが，それについても教えてください。　*11*

❸資金計画を立てるときの留意点を教えてください。　*21*

2　等価交換マンション事業の概要を教えてください。

❶等価交換マンション事業とは？　*28*

❷等価交換マンション事業を進めるとき，土地はどのように評価しますか？　*41*

❸土地所有者が取得する住戸について教えてください。　*47*

❹そのほか，等価交換マンション事業を進めるときの具体的な問題点について教えてください。　*50*

❺今までに実施された等価交換マンション事業から学ぶべきポイントを教えてください。　*60*

3　等価交換マンション事業を有効に利用できるケースを教えてください。

❶等価交換マンション事業によって解決した課題のケースを教えてください。　*66*

❷等価交換方式によるマンション建替えについて教えてください。　*81*

❸定期借地権を使った等価交換マンション事業について教えてください。　*90*

4　等価交換マンション事業には，どのような税金がかかりますか？

❶土地を売却したときの税金について教えてください。　*98*

❷等価交換マンション事業にかかる税務上の特例には，どのようなものがありますか？　*105*

❸立体買換えの特例とは，どのような特例ですか？　*111*

❹特定事業用資産の買換え特例について教えてください。　*117*

❺従前が居住用資産のときに使える特例について教えてください。　*129*

❻等価交換マンション事業には,そのほかにどんな税金がかかりますか? *132*

❼等価交換マンション事業は相続税対策になりますか? *138*

5 等価交換マンション事業の事例

【事例1】 遺産分割および共有物分割を解決した事例 *143*

【事例2】 借地・底地関係を解消した事例 *151*

【事例3】 共同化によって問題を解決した事例 *159*

【事例4】 等価交換マンション事業によりマンションを建て替えた事例 *167*

【事例5】 等価交換マンション事業により再開発をした事例 *173*

【事例6】 等価交換マンション事業により,権利関係の整理と小規模再開発を実現した事例 *178*

○複数の土地を一体化する等価交換マンション事業について　*40*
○複数の借地権をまとめて借地権付きの等価交換マンションを事業化することは可能か？　*59*
○間取りのバリエーションが多いことは問題か？　*64*
○多数の権利者がいるときの留意点　*96*
○不動産を売却したときの確定申告は自分でもできるか？　*104*
○優良地に買い換えることは簡単ではないのか？　*128*
○コンサルタントの必要性　*131*
○交換取得後のマンションを賃貸するときのキャッシュフロー　*137*
○今の税制で考えることの限界も考慮に入れるべき　*139*

1 不動産の有効活用を検討するときの留意点を教えてください。

土地所有者（地主）の側から見ると，等価交換マンション事業は土地の有効活用の一つの手段と考えることができます。

　もっとも，等価交換事業は，単なる土地の有効活用というだけでなく，老朽化マンションの建替え手法や密集市街地の解消等の目的で使われることもあります。

　ここではまず，土地の有効活用という視点から，この問題について考えてみたいと思います。

❶ 土地の有効活用に際しては，どのような点に留意すればよいでしょうか？

Q❶-1 土地の有効活用を検討しているのですが，どのような点に留意すればよいでしょうか？

A 　遊休土地を所有している人達が所有地の活用を考えるときには，どのような選択肢があるでしょうか。

　たとえば，「駐車場経営」や「賃貸マンション経営」などはすぐに頭に浮かびますし，立地がよければオフィスビルやテナントビルの経営な

❶ 土地の有効活用に際しては、どのような点に留意すればよいでしょうか？

どもあるかもしれません。

そのほか、定期借地権の活用や土地信託なども考えることができます。

このような選択肢の中から、できれば最適の手法を選択したいところですし、極力リスクを軽減して高い収益を得たいと考えるのも人情です。

さて、結論から申し上げると、土地の有効活用は「事業」ですし、事業であるからには、当然ながらリスクはつきものです。

すなわち、検討する事業手法についてのリスクとリターンを客観的に判断したうえで、事業の可否を判断することが不可欠となります。

Q❶-2 リスクとリターンの判断が必要なことはわかりました。そのうえで、土地の活用を考える際に留意すべき事項について教えてください。

A 土地活用は、土地所有者が土地を使って行う事業ですから、活用主体である土地所有者の目的と、活用される客体である土地の特性を鑑みて事業の検討をすべきでしょう。

そのほか、そもそも実際に選択する活用手法について十分に理解をすることも重要です。

Q❶-3 土地所有者の活用目的には、どのようなものがありますか？

A 多くの人は、土地活用により収益を得ることを目的にしていると思われますが、中には「相続税対策」が主たる目的のケースもありますし、それ以外の目的で活用を検討することもあるでしょう。

筆者の経験の中で考えると、以下のような目的を挙げるケースが多い

と思います。
- ◆収益目的
- ◆相続税対策
- ◆遺産分割対策
- ◆共有関係の整理
- ◆借地・借家関係の整理
- ◆業態の転換
- ◆資産のリストラ
- ◆その他

Q1-4 活用目的を明確にすることの必要性はよくわかりましたが，多くの場合は複数の目的があるように思います。そして，場合によっては，ある目的を達成しようとすると，別の目的を達成することができないケースもあります。このようなときは，どうすればよいのでしょうか？

A ご質問の通り，複数の活用目的を有する土地所有者も少なくありません。

このようなときは，活用目的に優先順位をつけることが必要でしょう。

そのうえで，優先順位のより高い目的を達成することを目指すべきではないでしょうか。

逆の言い方をすると，仮に目的が3つあるとしたときに，土地活用によりすべての目的を達成することができるのであればそれに越したことはありませんが，たとえば一番重要な目的と二番目に重要な目的が達成できるのであれば，三番目の目的は諦めて事業を進めることも視野にい

❶ 土地の有効活用に際しては,どのような点に留意すればよいでしょうか?

れておく必要があります。

Q❶-5 活用目的について,そのほかに留意すべき点はありますか?

A 土地所有者本人は気が付いていない目的もありますし,目的の優先順位を変えたほうが良いケースもあります。

　実際に土地所有者自身が置かれた状況や,後でも述べますが,土地の状況等から,目的について総合的に考えることが必要です。

　なお,活用目的が適切か否かについては,自分だけで考えずに,専門家等と相談をする中で気が付くこともあります。その意味では,相談する専門家の選択も重要な要素になるでしょう。

Q❶-6 おっしゃるように,相談する専門家の選択は重要だと思いますが,具体的にはどのような人物を専門家として選択すべきでしょうか?

A 土地活用について,基本的な知識を有することと,一定の経験があることは最低限必要なことですが,これらに加えて,次のような点が重要ではないかと思います。

- ◆事業リスクを明示してくれることと,そのリスクへの対策を適切に説明してくれること
- ◆知らないことは「知らない」といえること
- ◆そのうえで,知らないことを調べて報告をしてくれること
- ◆人脈が広いこと
- ◆誠実な人柄であること

Q❶-7 事業リスクを明らかにしたうえで対策を説明してくれることが必要なことは納得できます。また，知らないことは知らないといってくれる人は，確かにその人物の誠実さを示しているとは思いますが，むしろ，何でも知っている人の方が相談者としては適しているのではないでしょうか？

A 一口に不動産の活用といっても，範囲は極めて広いので，残念ながら，すべてを理解している人はいません。

そうしたなかで，知ったかぶりをして中途半端なアドバイスをするよりも，専門外のことは「専門外なので調べておきます」と答えてくれる人物のほうが，むしろ適切なアドバイスを受けることができる可能性が高くなるでしょう。

Q❶-8 資格をたくさん持っている人は，専門が多岐にわたるように思いますので，そうした人物に相談すればよいでしょうか？

A 業務によっては資格を持っていないと受任できないものがありますし，少なくとも資格を持っている人物は，その分野について精通している可能性が高いことも事実です。

しかしながら，見方を変えると，試験には合格したものの，残念ながら，「資格をもっているだけで，実務は未経験」という人がいることも事実です。その意味では，単に資格を有しているだけでなく，その人物の知見，経験，人脈等の様々な要素を鑑みて相談者としての適格性を有しているか否かを総合的に判断すべきでしょう。

❶ 土地の有効活用に際しては、どのような点に留意すればよいでしょうか？

Q❶-9 「土地の特性」を把握する必要性について教えてください。

A 土地の有効活用は、活用する客体である「土地の特性」により左右される事業です。

たとえば、誰も住みたいと思わない場所に立派な賃貸住宅を建てても、成功する可能性は極めて低いのではないでしょうか。

そのほか、特に都市部においては、都市計画の中で「建てることが可能な建物」が決まっていますし、具体的な土地活用の検討に際しては、近隣の土地利用の状況に左右されることもあります。

以上の理由から、土地活用の第一歩は、対象地の特性をよく理解することとなります。

Q❶-10 土地の特性は、どのように判断したらよいのでしょうか？

様々な要素がありますが、少なくとも次のような点を踏まえて考える必要があるでしょう。

◆法的な制約（用途地域、建蔽率・容積率、その他）
◆交通利便性（最寄り駅、駅からの距離、車でのアクセス等）
◆生活利便性（病院、商業施設等の立地）
◆土地の規模・形状
◆周辺環境
◆前面道路の特性
◆その他

Q❶-11 法的な制約について教えてください。

A まず重要なものは用途地域です。
市街化区域内で用途地域が指定されているときは，その土地に建築できる建物は用途地域による制約を受けます。

たとえば，第一種低層住居専用地域では延べ面積の1/2以下で50㎡以下の事務所や店舗を併設した住宅を建築することは可能ですが，それより大きな店舗を併設した住宅や，単独の店舗，レストランや食堂等を建てることはできません。

そのため，第一種低層住居専用地域内にある古民家をリノベーションして全体をレストランにすることもできません。

そのほか，建蔽率や容積率は土地上に建築可能な建物の面積についての制約となります。また，高さの指定もありますし，防火指定があるところでは建物の規模によっては建築が困難となる構造もあります。

Q❶-12 交通や生活の利便性は，今後，評価が変わる可能性もあるのではないですか？

A 新型コロナウイルスの感染が広がるまでは，住宅の立地は，通勤や通学に便利な沿線で，駅からも近いところが好まれましたが，最近はテレワークが可能な人を中心として，住む場所の選択肢が変化してきています。

また，買い物や金融取引等，ネットで可能なものが増えていることなども，住まい方に変化をもたらす可能性があると思います。

● 土地の有効活用に際しては，どのような点に留意すればよいでしょうか？

Q❶-13　周辺環境を確認する必要性についてコメントをいただけますか？

A　たとえば，昔は小さな町工場が多かった場所は，用途地域が準工業地域に指定されていることがありますが，特に都心部に近い立地を中心として，街並みが町工場から住宅地に変化している地区も少なくありません。

　このような場所は，利便性や現時点での住環境を鑑みると，中高層住宅の建築に適している可能性もあります。

　一方で，駐車場や賃貸住宅等を検討するようなときは，周辺の競合物件の多寡や状況等によっては，企画の考え方を変える必要があるかもしれません。

　こうしたことからも，周辺環境の調査は必要不可欠な事項です。

Q❶-14　前面道路の特性は，土地活用に際して重要なのでしょうか？

A　前面道路の特性は，無視できるものではありません。

　たとえば幅員が4ｍ未満の道路に接している土地は，セットバックが必要なことがありますし（この場合は，セットバックした後の面積で建蔽率や容積率の計算をする必要があります），車の通行にも支障があるので，賃貸住宅や駐車場等として利用するときでも留意すべき事項となります。

　そのほか，店舗や事務所等で利用するときは，前面道路の人通りの多寡は計画に大きな影響を与えることも考えられます。用途地域が商業地域であっても，前面道路が生活道路で不特定多数の通行がないようなと

きは，そもそも商業系の企画に向かない可能性もあるためです。

　以上のような理由から，前面道路の特性を把握することは，土地活用を考えるに際して極めて重要な項目のひとつであることが理解できます。

❷ 土地の有効活用には,どのような選択肢がありますか? また,借地権にはいろいろな類型があるようですが,それについても教えてください。

Q❷-1　土地活用の選択肢には,どのようなものがありますか?

A　駐車場経営,賃貸住宅経営,ロードサイドでの貸店舗等,土地活用にはいろいろな選択肢がありますが,これらをまとめると表1-1に示すように,大きく3つに分類することができます。

表1-1　土地活用の選択肢

分　　類	具体的な活用手法
建物の賃貸 (注1)	賃貸住宅,貸店舗,貸事務所,貸倉庫等
土地の貸借 (注2)	駐車場,資材置き場,普通借地権の活用,定期借地権の活用等
土地の売却	通常の売却,他の資産への買換え等

(注1)　建物の賃貸は,土地所有者が土地上に建物を建築し,その建物を第三者に賃貸して家賃収入を得る手法です。

(注2)　借地権には,賃借権による借地と地上権による借地があります。このうち地上権の設定は物権上の行為ですし,地上権を設定するときは対価である地代の支払いは要件とはなっていませんが,この本では地上権の設定も含めて「土地の賃貸」に含めます。

　ただし,地上権そのものを表現する必要があるときは,そのまま地上権という言葉を使います。

1 不動産の有効活用を検討するときの留意点を教えてください。

なお，この3点をさらに細かく分類した具体的な選択肢が，「駐車場経営」であったり，「賃貸住宅経営」や「貸店舗経営」等となります。

具体的な活用手法の選択については，❶で述べたような「都市計画上の制約」や「前面道路の特性」，その他の事項に加えて，❸で述べる資金計画等を鑑みて検討すべきでしょう。

Q❷-2　建物の賃貸について教えてください。

A　土地所有者が自ら資金を調達して所有地上に建物を建築し，その建物を第三者に貸して家賃収入を得る手法です。

その建物を住宅として貸せば「賃貸住宅」ですし，店舗として貸せば「貸店舗」となります。

Q❷-3　賃貸住宅よりも貸店舗や貸事務所のほうが家賃も高いと聞いたことがあります。できれば貸店舗等を検討したいのですが，いかがですか？

A　まず，一等地の路面（1階部分）であれば，店舗や事務所とすることで，家賃はかなりの高額になることがありますが，郊外の商店街等の場合などでは必ずしも家賃が高いとは限りません。現実に郊外部においては，業種・業態によっては，住宅のほうが店舗や事務所よりも高い家賃となるケースもあります。

次に，一般的には，貸店舗や貸事務所は立地により経営が大きく左右されます。

たとえば東京の青山や銀座のような立地であれば，裏通りでも十分な貸店舗のニーズが期待できることも少なくありませんが，多くの場合は

❷ 土地の有効活用には、どのような選択肢がありますか？ また、借地権にはいろいろな類型があるようですが、それについても教えてください。

不特定多数の人通りが期待できる立地以外では貸店舗や貸事務所の経営は厳しいといえるでしょう。

その意味では、市場調査を行ったうえで土地活用の方向性を決めることが重要となります。

Q❷-4 私の土地は郊外駅近くの「商業地域」にあるので、店舗経営に向いていると思うのですが、いかがでしょうか？

「商業地域」とか「第一種低層住居専用地域」等の「用途地域」は、行政の都市計画の中で定められます。

具体的には、各市区町村が都市計画のなかで「この場所は低層住宅地にする」と考える地域は「第一種低層住居専用地域」等の指定をするでしょうし、「中層くらいまでの住宅地とする」と考えれば「第一種中高層住居専用地域」や「住居地域」の指定をするでしょう。

同じように、「この場所は商店街やビル街にする」と考えれば、「近隣商業地域」や「商業地域」の指定をすることになります。

ところで、これらはあくまで行政のまちづくりの方向性に基づいて指定されているものですので、たとえば「商業地域」であるからといって、必ずしも商業に向いている土地であるとは限りません（9ページの Q❶-14 もご参照ください）。

具体的には、前面道路の特性や周辺の環境、土地面積等も総合的に考えて土地活用の選択肢を判断すべきです。

もっとも、評判の良い医院や人気のあるレストランのように、顧客が場所を探し訪ねてくるようなケースでは、前面道路に不特定多数の通行がないようなときでも問題なく運営できることもあります。

■ 1 不動産の有効活用を検討するときの留意点を教えてください。

Q2-5 最近では駐車場経営も厳しいという話もありますが，どうなのでしょうか？

A 若い人を中心に車を持たない人が増えている一方で，時間貸しの駐車場を中心に駐車場の絶対数も増えているため，場所によってはかなり厳しい経営環境にある駐車場も増えているようです。

もっとも，DXを駆使して駐車場で新規ビジネスを展開して収益性を向上させている企業もありますので，駐車場経営を否定しているわけではありません。

確かに車の数は増えていませんし，駐車場の絶対量は増えているわけですから，「どこでも成り立つ」事業ではないと思いますし，「誰がやってもうまくいく」事業ではなくなりつつあるといえますが，運営のノウハウと集客手法が確立された事業者等であれば，立地に問題がなければ十分にやっていくことができるビジネスだと思われます。

Q2-6 ところで，普通借地権とか定期借地権等，借地権にもいろいろあるようですが，その違いがよくわからないので，教えていただけますか？

A 借地権は，大きく分類すると以下のようになります。

まず，借地法（以下，「旧法」といいます）の下で設定された借地権（以下，「旧法借地権」といいます）がかなり多く存在します。

なお，旧法は平成4年の借地借家法の施行により廃止され，それ以降に設定された借地権（以下，「新法借地権」といいます）には「普通借地権」と「定期借地権」があると考えてください。

また，理屈を述べると，借地借家法の第23条第2項の借地権を除くと，

❷ 土地の有効活用には、どのような選択肢がありますか？ また、借地権にはいろいろな類型があるようですが、それについても教えてください。

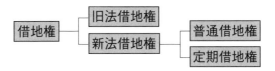

定期借地権も普通借地権の特約となります。

ただし、本書は借地権についての解説書ではないため、便宜上、普通借地権と定期借地権という分類をさせていただきます（定期借地権については、大木祐悟著『定期借地権活用のすすめ』（プログレス刊）をご参照ください）。

Q❷-7 旧法借地権と普通借地権には、どんな違いがあるのでしょうか？

A 細かな点を省いて、大きな違いを述べると次の2つがあります。

第1は、旧法借地権は建物の構造を「堅固建物」と「非堅固建物」に分けて、借地権の存続期間や更新後の期間を変えています。

これに対して、普通借地権では、建物の構造による借地期間や更新後の期間の区別をしていません。

第2は、借地期間や更新後の期間についての違いです。

表1-2にあるように、旧法借地権で堅固建物所有目的の場合は、原則として借地期間は60年として、契約によりその期間を30年まで短縮することができるとされていました。また、更新後の期間は30年以上とされています。

一方で、旧法借地権で非堅固建物所有目的の場合の借地期間は原則として30年として、契約でその期間を20年まで短縮することを認められていました。また、更新後の期間は20年以上で設定することとなっていました。

1 不動産の有効活用を検討するときの留意点を教えてください。

表1-2 旧法借地権と普通借地権の契約期間および更新期間の違い

		契約期間	更新期間
旧法借地権	堅固建物所有目的	原則60年。ただし、契約により30年以上で設定することは可能	30年以上で設定
	非堅固建物所有目的	原則30年。ただし、契約により20年以上で設定することは可能	20年以上で設定
普通借地権		30年以上（堅固・非堅固の建物の区別はない）	最初の更新の際は20年以上で、以後は10年以上で設定

　これに対して、普通借地権では、建物の種類や構造にかかわらず、借地期間は30年以上とする必要があり、契約更新後の期間は1回目が20年以上で、2回目以降は10年以上で設定することができるとされています。

　なお、旧法借地権を新規に設定することはないので、堅固建物か非堅固建物かで更新期間が異なると理解しておけばよいでしょう。

Q❷-8　堅固建物と非堅固建物の違いを教えてください。

A　非堅固建物の典型は木造建物です。
　これに対して、重量鉄骨造や鉄筋コンクリート造の建物は堅固建物と解されています。

　なお、鉄骨造でも軽量鉄骨造の建物は非堅固建物と解されることが多いと思われますが、堅固建物とされることもあるので注意が必要です。

　そのほか、木造住宅でも鉄筋コンクリートで丈夫な地下室をつくるようなときは堅固建物の所有目的と解されることもあります。

　そのため、判断が微妙なときは、この問題に精通した弁護士等の専門家に相談されることをお勧めします。

❷ 土地の有効活用には，どのような選択肢がありますか？　また，借地権にはいろいろな類型があるようですが，それについても教えてください。

Q❷-9　最近では「定定期借地権」という言葉をあまり聞かなくなっていますが，定期借地権の利用は進んでいないのでしょうか？

A　現実には，定期借地権の活用はかなりの広がりを見せています。

　定期借地制度が誕生したころは，「定期借地権を使った土地利用方法である」というだけでニュースバリューがありましたので，定期借地権の活用があるとマスコミで取り上げられることも多かったのですが，定期借地権が一般化した昨今では，単に定期借地権を使うくらいではニュースにはなりません。

　その結果として，報道等で目にする機会が大幅に減ってしまったので，以前と比べて，「定期借地権」という言葉を耳にすることも少なくなったという感覚を持たれる人も少なくないのではないかと思われます。

　なお，実務上の感覚で申し上げると，借地借家法が施行されて以降は普通借地権が設定されるケースはあまり多くなく，むしろ定期借地権のほうが主流になっているように思われます。

Q❷-10　定期借地権にもいくつか種類があると聞いていますが，その概要について教えてください。

A　借地借家法の定めに沿って，**表1-3**に示すように，22条，23条1項，同条2項と24条に分類することができます。

17

1 不動産の有効活用を検討するときの留意点を教えてください。

表1-3 定期借地権の分類

条　項		借地期間	用　途	概　　要
22条		50年以上	な　し	書面で「契約の更新がない」,「建物再築による期間の延長がない」,「建物買取り請求権を行使しない」旨の特約が有効となる。
23条	1項	30年以上50年未満	専ら事業の用	公正証書で上記の特約をしたときは有効になる。
	2項	10年以上30年未満		契約の更新がなく，建物再築による期間の延長がなく，建物買取り請求権も行使できない。契約は公式証書で行う。
24条		———	な　し	30年以上経過後に，建物を買い取ることにより契約を終了させることができる旨を特約できる。

　このうち，22条は，借地期間を50年以上で設定することで，「借地権の更新がない」,「建物再築による期間の延長がない」,「建物買取り請求権の行使ができない」旨の特約を書面（契約書）により設定をしたときは，その特約が有効になるとするものです。
　結果として，契約期間満了時には，立退料等を支払うことなく借地契約を終了させることが可能となります。
　また，借地上の建物の用途についても特に制約はありません。
　次に，23条は，「専ら事業の用」に供することを目的とすることと，契約を公正証書で行うことが必須要件となります。すなわち，居住用建物（賃貸住宅を含みます）が一部でもあるときは，23条の定期借地契約を設定することはできません。
　なお，23条1項は，専ら事業の用に供する建物を所有する目的で30年以上50年未満の契約を公正証書で行うときは，22条の特約と同じ内容が有効になるとされています。

❷ 土地の有効活用には、どのような選択肢がありますか？ また、借地権にはいろいろな類型があるようですが、それについても教えてください。

一方で、23条2項では、「専ら事業の用」に供する目的で10年以上30年未満の契約を公正証書で行ったときは、契約の更新はなく、建物再築による期間の延長や、建物買取り請求権の行使もできないとされています。

このように、23条の1項と2項は、ともに「専ら事業の用」に供する目的であること、および「公正証書」で契約を行うことについては同じなのですが、期間が異なることに加えて、契約書の文言の書き方に若干の違いが出てくることを理解しておいてください（この点についての詳細も、大木・前掲書を参照してください）。

最後に、24条では、定期借地権を設定して30年以上が経過したときに借地上の建物を買い取る旨の特約を定めることができるとされています。

Q❷-11 表1-1の「土地の売却」の中の「他の資産への買換え」について教えてください。

土地を売却して換金したとしても、そのお金を単に遊ばせておくだけでは収益は生みません。

そのため、売却益を株式や債券等の金融資産に投資するほか、他の不動産に買い換えて収益を得るという選択肢が考えられます。

なお、「他の不動産への買換え」には、次のような考え方があります。

◆複数の遊休土地を持っているときは、その中のいずれかの土地に、他の土地の売却益で建物を建築する。

◆土地を売却して他の土地・建物に買い換える。

◆等価交換マンション事業（売却した土地上に建てられた区分所有建物の一部を再取得する）

1 不動産の有効活用を検討するときの留意点を教えてください。

Q❷-12　買換え型の活用において注意すべき点を教えてください。

A　土地を売却したときは，譲渡益（売却益）に対して課税されます。
　土地の売却に伴う所得は，個人の場合は「譲渡所得」とされ分離課税となりますが，法人の場合は土地の譲渡益についても通常の法人税が課せられます。

　また，不動産の買換えは，ケースによって「買換え特例」の対象となることがありますが，この特例の適用の可否についてはいろいろな要件がありますし，その要件も税制改正等によりしばしば変更されています。そのため，具体的な適否については税理士等の専門家に確認するようにしてください。

　そのほか，特に前述の「土地を売却して他の土地・建物に買い換える」場合は，買い換える立地や建物の良否の判断が重要となります。

　たとえば，既存の建物に買い換えるようなときは，専門家によるインスペクション（建物現況調査）等も視野に入れる必要があるでしょう。

　なお，譲渡所得税や買換え特例については，**4**の❶～❺をご参照ください。

❸ 資金計画を立てるときの留意点を教えてください。

Q❸-1 土地の有効活用には資金が必要になると思いますが，資金計画を考えるときの選択肢には，どのようなものがありますか？

A 土地活用の検討に際しては資金の調達が大きな問題となります。たとえば❷で述べた「建物の賃貸」の検討をするときは，建築資金の調達方法によって，その収益性は大きく異なることになります。

資金計画は，大きく分類すると，次のいずれかの手法，もしくはその組み合せとなります。

- ◆自己資金
- ◆借入金
- ◆資産売却
- ◆他人資本

Q❸-2 自己資金と借入金との配分は，どのように考えればよいのでしょうか？

A 事業による収益性や事業に伴うリスク等を総合的に考えて計画を進める必要があるでしょう。

たとえば，賃貸住宅を建築するときに，家賃が高く空室率も低い立地

であれば，「全額借入金」で建設しても問題はありませんが，家賃が高くない場所であれば，空室率が低くても全額借入金で資金計画を立てると収益性は低くなります。

そのため，こうした立地で賃貸住宅事業を進めるときは，全額借入金ではなく，一定の自己資金を投下することが必要となります。

なお，家賃の高低にかかわらず，空室率が高い地区では，そもそも全額借入金で建設資金をまかなうことは，リスク以外の何物でもない事業となるでしょう。

Q❸-3 借入金で建設資金をまかなうときに留意すべきことは，そのほかにありますか？

A 「金利」が重要なことは誰にでもわかることですが，「返済方法」と「返済期間」も重要です。

Q❸-4 返済方法とは，具体的にはどのようなことですか？

A 金融機関から融資を受けるとき，多くの場合は「元利均等返済」が採用されます。

元利均等返済とは，仮に固定金利で借りたときには，借入金の返済期間中は一定した返済額を貸主に返済し続けますが，当初は返済額の中で利息の割合が高く，時間が経過するにつれて元金の割合が高まる返済方式です。

これに対して，「元金均等返済」とは，返済期間にわたり毎月同じ額の元金とその時点の残高にかかる利息を返済する方式です。

そのため，最初は利息も大きく乗りますが，返済が進むにつれて金利

❸　資金計画を立てるときの留意点を教えてください。

負担が少なくなるため，元利込みの返済額も逓減されます。

　初期の段階において比較的高い返済ができる余力があり，また資金がたまったときに一括返済を考えているときは，元金均等返済のほうが有利ですが，初期の時点において高額の返済が困難なときや，相続税の軽減を目的とする場合等では元利均等返済を選択することになるでしょう。

　なお，金融機関が元金均等返済の融資形態に対応していないこともありますので，元金均等方式の可否は金融機関に確認してください。

Q❸-5　返済期間にも注意が必要なのでしょうか？

A　返済期間が長期になると，毎月の返済は少なくなりますし，相続税対策などを考えるときも有効であるため，多くの場合は，「最長の返済期間」を選択していると思います。

　しかしながら，土地所有者の計画目的によっては，比較的短期間で返済するほうが良いケースもあります。

　たとえば土地所有者が40歳台で，むこう15年間くらいは現状の収入で十分に生活をすることが可能である一方で，その後の収入を期待して活用するときには，仮に収支でプラスの小さい計画になるとしても，15年間くらいで借入金を返済してしまう計画を検討する（15年後には借入金の返済がないので，手取りの収入は大幅に増えることになります）ことも一つの選択肢になるのではないでしょうか。

Q❸-6　借入れをするとき，固定金利と変動金利のどちらを選択すればよいのでしょうか？

A 結論からいいますと，金利が今後どのように推移するかについて確実な予測ができないので，「絶対にこうしなければいけない」という回答をすることはできません。

まず，変動金利と固定金利を比較すると，変動金利のほうが金利はより低く設定されています。

本書を執筆している時点（2024年8月現在）では，世界的に金利が上昇する傾向がある旨が報道されていますが，それでも歴史的に見て極めて低い水準の金利であることに変わりはありませんし，わが国ではこの状況がまだまだ継続することも十分に考えられます。

一方で，感染症拡大の影響から経済を少しでも回復させるために，相当な量のお金が市場にあふれていますので，何らかのきっかけで金利が上がることも考えられます。

金利が上昇する可能性が高いと考えるときは，当初の負担は若干大きくなっても長期の固定金利を選択することになるでしょう。

以上の点を踏まえ，いずれを採用するかについては各自で判断をしていただくしかありません。

Q3-7 「他人資本による資金調達」とは，どのようなケースでしょうか？

A まずお断りしておきますが，「他人資本による資金調達」とは一般的な用語ではなく，本書での独自の用語であることをご理解ください。

その意味合いとしては，土地活用に係る費用を自己資金や借入金，資産売却ではなく，第三者の資金でまかなうケースをイメージしています。

具体的には，土地所有者は土地を提供して建物を建設する者に普通借

❸ 資金計画を立てるときの留意点を教えてください。

地権もしくは定期借地権を設定させて，自らは地代収入を得るケースがその典型といえるでしょう。

そのほか，最近では事例が減っていると思いますが，「建設協力金方式」なども他人資本で建物を建築していると考えることもできますので，この類型に入れてよいのではないかと思います（なお，「建設協力金方式」は，建物の借主からお金を借りていると考えることもできます）。

Q❸-8 本書のテーマである等価交換マンション事業とは，「土地の売却」＋「建物の賃貸」の併用型の土地活用事業と考えてよいでしょうか？

A おっしゃるとおりです。

土地を売却して建物を取得するのですから，活用手法としては土地売却と建物の賃貸の併用型ということができます。

もっとも，取得する建物は，賃貸せずに土地所有者自身やその親族の居住用とすることもありますので，土地売却益で建物を取得する活用手法というほうが適当だと思います。

等価交換マンション事業については，契約上や税務上でさまざまな留意点があります。詳しくは，❷以下をご参照ください。

2 等価交換マンション事業の概要を教えてください。

❶ 等価交換マンション事業とは？

Q❶-1 等価交換マンション事業とは、どのような事業なのでしょうか？

A 土地の所有者とマンション開発会社等の事業者（以下、「デベロッパー」といいます(注1)）が共同でマンションを創出する事業です。

具体的には、土地所有者が土地を提供し、デベロッパーがその土地の上にマンションを建てたあとに、それぞれが出資割合に応じて完成したマンションの住戸(注2)を分け合う仕組みとなります。

土地所有者は、事業により取得した住戸に自らが居住することもできますし、住戸を第三者に賃貸して家賃収入を得ることも可能です。

また、デベロッパーは、この事業で取得した住戸を第三者に分譲して投下資金を回収し、さらに収益を得ることとなります。なお、デベロッパーも、取得した住戸を第三者に賃貸して賃料収入を得ることを目的に事業に参画することもあります。

以上で述べたことを図示すると、**図2-1**のようになります。

(注1) 多くの場合はデベロッパーが事業者となりますが、交換取得した住戸の分譲を目的としない場合は、不動産会社以外の企業や資金のある個人が事業者となることも可能です。なお、本書はマンション開発会社が事業者となることを前提としています。

(注2) マンションの区分所有される各区画については、権利面で考えると、「敷地利用権付きの区分所有権」となりますし、法律では区分所有権の目的たる部分は「専有部分」と呼ばれますが、本書では、法律の規定等を引用するときを除き、「住戸」といいます（店舗や事務所となる部分も住戸といいます）。

❶　等価交換マンション事業とは？

図 2-1　出資割合は土地所有者が 1/3 で，デベロッパーが 2/3 とし，18 戸のマンションを建築した場合（土地所有者は，①〜⑥の住戸を取得し，デベロッパーは⑦〜⑱の住戸をそれぞれ取得するものとします）

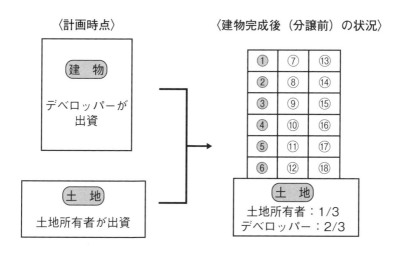

Q❶-2　等価交換マンション事業のその他の特色について教えてください。

A　前述の内容が等価交換マンション事業の基本的な特色ですが，「等価交換マンション事業」についてよく言われている特色のなかで，主要な点を以下に 2 つほど挙げます。

第 1 は，土地所有者とデベロッパーとの間で「等価交換契約」を締結することにより実現される事業であることです。これは，等価交換マンション事業すべてに共通する特色です。

第 2 は，税制上の特例を使うことが多い点です。

特に，三大都市圏の特定市で等価交換マンション事業を行うときは，「既成市街地等内にある土地等の中高層耐火建築物等の建設のための買

2 等価交換マンション事業の概要を教えてください。

換え及び交換の場合の譲渡所得の課税の特例」(以下,「立体買換えの特例」といいます)を利用するケースが多くなります。

ただし,税制上の特例を利用しないで等価交換マンション事業を行うケースも考えられますので,税制上の特例を受けることが,この事業のすべてに共通する事項ではありません。

Q❶-3 「等価交換契約」とは,どのような契約ですか?

A 実務上は,土地所有者が土地をデベロッパーに売却する契約と,デベロッパーが購入した土地上にマンションを建設したうえで,完成したマンションの住戸の一部を土地所有者が購入する契約の2つを総称して「等価交換契約」といいます。

なお,この2つの契約は,本来は別々の契約ですが,実務上この2つの契約を1つの等価交換契約書で行うことも少なくありません。

Q❶-4 等価交換マンション事業を行うに際して,土地所有者による「土地の売却契約」と,当該土地上にデベロッパーが建設した「マンションの住戸の売買契約」を別々に行うこともあるのですね。

A 前述のように,そもそも土地所有者からデベロッパーに土地を売却する契約と,デベロッパーからマンションの住戸を購入する契約は別々の契約ですから,等価交換マンション事業を行うに際しては,必ずしも1つの契約書でこの2つの契約を交わす必要はありません。

本書では,以下,この2つの契約を別々の契約書で交わす場合も,1つの契約書で交わす場合も,「等価交換契約」といいます。

❶ 等価交換マンション事業とは？

Q❶-5
1つの等価交換契約書で「土地の売買契約」と「マンションの住戸の売買契約」を行うケースと，別々の契約とするケースの2つの考え方があることはわかりましたが，この2つの契約手法のいずれをとるかで，何か違いはあるのでしょうか？

A それぞれの特色を**表2-1**にまとめてみました。

そもそも，契約の効果については特に違いはありませんが，細かな点では下表のような違いがありますので，個々に簡単に説明します。

表2-1

	1つの契約	2つの契約
土地売買契約を早く交わしたいとき	対応できない	対応できる
契約の手間を軽減したいとき	手間は少ない	手間は増える
印紙税の節税の可否	ケースごとに異なる	

まず，等価交換マンション事業にかかる契約をする上で留意しなければいけないことは，土地所有者からデベロッパーに土地を売却する契約は，当事者間で合意形成ができればいつでも交わすことができるのに対して，土地上にデベロッパーがつくるマンションを土地所有者が購入する契約は，「未完成建物の売買」となるため，その建物の建築確認を取得した後で行う必要がある点です（宅地建物取引業法36条）。

等価交換契約を進めることについて土地所有者とデベロッパーが基本的な合意をした時点では，マンションの間取りや共用部分の設計は概ね決まっていると思われますが，建築確認を取得するためには様々な設計図書をつくることが必要ですし，建物の構造計算等も必要となるので，当事者間の合意ができた時点から建築確認を取得するまでには一定の時間が必要となります。

2 等価交換マンション事業の概要を教えてください。

さて、「1つの等価交換契約」で事業を進めるときには、契約の中にデベロッパーが土地所有者にマンションの住戸を売却する契約も含まれることから、建築確認の取得以降でなければ契約を交わすことができません。

これに対して、土地の売買契約とマンションの住戸の売買契約を2つに分けるときは、土地の売買契約のみを先行して行うことが可能となります。

以上の理由により、等価交換マンション事業を行うに際して、売買契約を先行して進めるときには、1つの契約ではなく土地の売買契約を先行して行う形態をとることになります。

もっとも、このケースでは、建築確認の取得後にマンションの住戸の売買契約をすることになるため、契約を2回交わす手間が生じてしまいます。

なお、契約書に貼付する印紙税の多寡はケース・バイ・ケースといえるでしょう。

Q1-6 仮に、1つの等価交換契約で事業を行うときには、契約締結の時期は土地上に建てるマンションの建築確認の取得後であることはわかりましたが、そうなると、土地所有者とデベロッパーとの間で等価交換マンション事業についての合意が成立してから、実際の契約を交わすまでにはかなりの時間がかかるように思われます。その間の当事者間の合意事項については、どう取り決めるのでしょうか？

● 等価交換マンション事業とは？

A　おっしゃるように，当事者が等価交換マンション事業を行うことについて合意した時点から建築確認を取得するまでには一定のタイムラグがあります。

そのため，通常は，等価交換契約の基本的な内容について当事者間の合意がなされた時点で，「合意書」や「基本協定書」等の書面を交わしています。

Q❶-7 土地の売買契約を先行して行うときであっても，土地所有者がデベロッパーから当該土地上に建築するマンションの住戸を購入する契約は，同じく建築確認を取得した後になることを考えると，購入するマンションに関しても何らかの取り決めを書面で交わしておくほうがよいでしょうか？

A　土地の売買契約の時点で，設計がどの程度確定しているかにもよりますが，契約を締結する際に，必要に応じてマンションの住戸の購入について当事者間で取り決めた内容に関する「合意書」や「基本協定書」を別途交わすことがあります。

Q❶-8 これまで，等価交換マンション事業とは，「土地所有者は土地を一度デベロッパーに売却してから，デベロッパーがその土地上にマンションを建設し，完成後のマンションの住戸をデベロッパーから購入する」事業であるという説明をいただきました。
ところで，等価交換マンション事業を進めるときに，次のような考え方をすることができないでしょうか？

2 等価交換マンション事業の概要を教えてください。

図 2-2

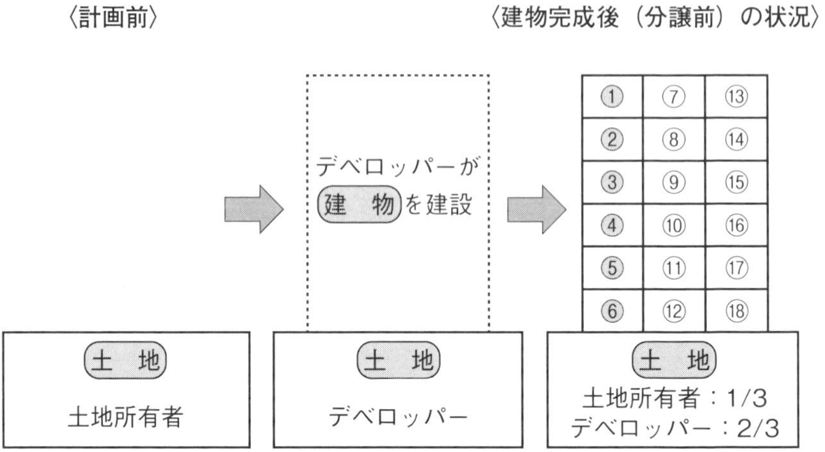

〈計画前〉　　　　　　　　　　　　　〈建物完成後（分譲前）の状況〉

たとえば，29 ページの Q❶-1 の図 2-1 のケース（マンションの住戸の 1/3 を土地所有者が再取得する）では，図 2-2 のように，土地所有者は，デベロッパーに土地を一度売却した後，「区分所有権」（建物の権利）と「敷地利用権」（土地の権利）をデベロッパーからあらためて購入しています。

しかし，土地はもともと土地所有者の権利であったことを考えると，必要な土地持ち分のみ（ここでは土地の持ち分の 2/3）をデベロッパーに売却して，デベロッパーからは建物の区分所有権（ここでは①～⑥の区分所有権）のみを購入する契約を結ぶことはできないでしょうか？

最終的に土地所有者は完成後のマンションについて土地の共有持ち分 1/3 を再取得することになるのであれば，デベロッパーに土地を売却するときも，土地所有

❶ 等価交換マンション事業とは？

者が再取得することになる土地持ち分1/3は留保することができるように思いますが，いかがでしょうか？

　ご質問の手法により，等価交換マンション事業を進めることは可能です。

　これまでお話してきたように，一度土地全部をデベロッパーに譲渡してマンションの建設後に土地の共有持ち分付きで区分所有権を土地所有者が改めて購入する手法が等価交換マンション事業では主として用いられていますが，一般にこの手法は「**全部譲渡方式**」と呼ばれています。

　次に，ご質問のように，等価交換マンション事業を行うに際して，最終的に土地所有者が買い戻す土地の共有持ち分は売却せずに，デベロッパーに帰属する土地の共有持ち分だけを売却し，土地所有者は出来上がったマンションの区分所有権をデベロッパーから取得するという手法を取ることも可能です。

　この手法は，デベロッパーに土地の共有持ち分（土地の一部）を売却して等価交換マンション事業を行うことから，「**部分譲渡方式**」と呼ばれることがあります。

　等価交換マンション事業の事業手法としては，多くはありませんが，この「部分譲渡方式」により事業を進めている事例もあります（実務上は，全部譲渡方式が主流となっています）。

　なお，前述の事例をベースにして，部分譲渡方式のイメージを図示すると**図2-3**のようになります。

　この図からも，部分譲渡方式は，土地所有者の側から見ると，土地の共有持ち分2/3と完成後のマンションの①〜⑥の区分所有権について，まさに「等価交換」している手法であることがおわかりいただけると思います。

2 等価交換マンション事業の概要を教えてください。

図 2-3 部分譲渡方式の概念図

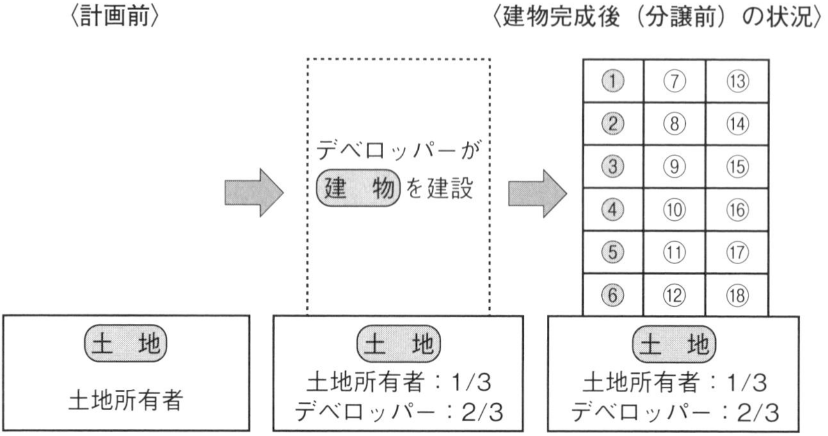

〈計画前〉　　　　　　　　　　　〈建物完成後（分譲前）の状況〉

```
                    ┌──────────────┐         ① ⑦ ⑬
                    │              │         ② ⑧ ⑭
     →              │ デベロッパーが  │   →    ③ ⑨ ⑮
                    │ 建 物 を建設   │         ④ ⑩ ⑯
                    │              │         ⑤ ⑪ ⑰
                    └──────────────┘         ⑥ ⑫ ⑱
    ┌─────────┐      ┌─────────────┐       ┌──────────────┐
    │  土 地   │      │   土 地      │       │   土 地       │
    │土地所有者 │      │土地所有者：1/3│       │土地所有者：1/3 │
    │         │      │デベロッパー：2/3│     │デベロッパー：2/3│
    └─────────┘      └─────────────┘       └──────────────┘
```

Q❶-9　全部譲渡方式が主流となっている理由を教えてください。

A　全部譲渡方式が等価交換マンション事業の主流となっている理由としては，次のようなものを挙げることができます。

第一は，デベロッパーが全部譲渡方式により事業を進めることを求めていることです。

部分譲渡方式は，事業が完成するまでは，地主とデベロッパーが土地を共有することとなるため，共有にともなうさまざまな問題が生じる可能性があるためです。

具体的には，「共有物の管理」や「保存」にかかる問題から，当事者の相続等，さまざまなことを考えると，デベロッパーは「全部譲渡方式が望ましい」という判断をしています。

第二は，事業中に事情が変わったときの対応が複雑になる点です。たとえば図 2-3 のケースで，計画時点では，土地所有者は完成したマン

ションの1/3を取得することとしていましたが，その後の事情変更により，取得するマンションが1/6となる場合を考えてみましょう。全部譲渡方式では，契約の変更のみで対処できますが，部分譲渡方式の場合は，土地共有持分の変更も必要となります。

　計画中に相続が発生した場合のほか，何らかの理由でまとまった資金が必要となる場合などが該当するケースです。

　第三に，最近は，複数地権者の土地を，等価交換マンション事業により共同化することも増えていますが（40ページのコラムも参照してください），土地所有者が異なる複数の土地で事業を行うときは，全部譲渡方式の方が事業の取組みははるかに容易です。

　たとえば，甲が所有するA土地（土地面積90坪）と乙が所有するB土地（土地面積180坪）を一体化して等価交換マンション事業をするときで，等価交換による土地所有者の割合が3割で，甲・乙間の比率は出資した土地の面積按分（甲：乙＝1：2）となる場合を想定しましょう。

　このケースでは，完成したマンションの持ち分は，甲が10％で，乙が20％（土地所有者の出資割合30％を1：2で配分した割合）となります。

　ところで，全部譲渡方式で事業をするときは，土地は一度デベロッパーに帰属して，甲も乙もデベロッパーから敷地利用権（土地共有持ち分権）を再取得すればよいのですが，仮に部分譲渡方式でこの事業を行おうとすると，甲とデベロッパー，乙とデベロッパーの契約以外に甲と乙の間で土地持ち分の交換契約が必要となります。甲・乙間の持ち分の交換については，税務上の特例の適用の余地があるのか等の確認も必要です。

　デベロッパーを丙としてざっと図示すると，**図2-4**のようになりますが，このように土地所有者が2人でもややこしい契約となるわけですから，人数が3人，4人とさらに増えると，より複雑になることはご理解いただけるでしょう。

2 等価交換マンション事業の概要を教えてください。

図2-4 複数土地の等価交換事業を部分譲渡方式で行うケース

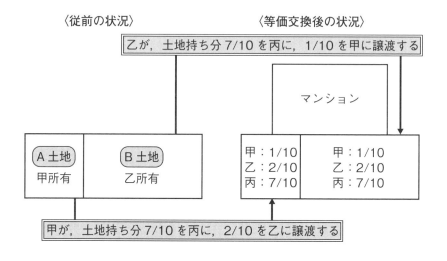

Q❶-10 では，全部譲渡方式と比べた場合の部分譲渡方式のメリットを教えてください。

A 全部譲渡方式では，土地所有者が取得する土地の共有持ち分（36ページの図2-3の例では1/3となります）も含め土地を一度デベロッパーに売却したあと，土地所有者はマンションを取得する際に，「マンションの敷地利用権」として一度売却した土地の共有持ち分を買い戻していることになります。

この際，税制上の特例を適用することができれば，土地の売却による課税は繰り延べることが可能ですが，デベロッパーから買い戻した土地の共有持ち分についても所有権の移転登記が必要となるため登録免許税が発生するほか，取得する専有部分の面積によっては不動産取得税の対象にもなります（取得する建物の床面積が一定の範囲にはいるときは，事実上，土地にかかる不動産取得税は発生しません（**4**の**Q❻**-9（136

ページ）を参照してください）。

　また，全部譲渡方式で土地をデベロッパーに移転後，マンションの完成・引渡し前に，万一そのデベロッパーが倒産して，破産処理がされるようなことになると，土地もデベロッパーの債権者に差し押さえられて売却されてしまうことも考えられます。

　もちろん，土地を売った側も，交換する前提で売却額をデベロッパーから受領していないときは，債権者の一人になりますが，会社が倒産するような状態では，取り戻すことができる額はかなり減額されてしまう可能性が高くなるでしょう。

　このようなときは，部分譲渡方式でも，事業がとん挫することは同じですが，少なくとも自らの所有権を留保した部分（前述の設例でいうと1/3）の所有は残すことができますので，傷はまだ浅くて済むといえるでしょう。

　もっとも，この場合でも，あえて土地の共有持ち分を落札する人物（あるいは法人）との共有関係が残ることになりますし，そもそも事業の途中でパートナーであるデベロッパーが倒産するようなことがあってはいけないわけですから，土地所有者が等価交換マンション事業を選択するときは，事業のパートナーとなるデベロッパーの選択は極めて重要なこととなります。

　なお，等価交換マンション事業に供する土地が事業用で使われているときで，かつ事業を進める際に立体買換えの特例の適用を受けることができないケースでは，部分譲渡方式は特定事業用資産の買換えの特例を有効に活用することが可能となります（詳細は❹の❹（117～127ページ）を参照してください）。

《複数の土地を一体化する等価交換マンション事業について》

　部分譲渡方式では，複数の土地を一体化することが難しい旨の説明をしましたが，等価交換マンション事業を進めるときに，複数の土地所有者の合意形成をしたうえで共同化事業を実現するケースはあるものでしょうか。

　結論から言うと，大都市部では，複数の土地の一体化事例は少なくありません。そもそも，大都市部において，マンションが建築できる場所でまとまった広さの土地を有する者は多くないことが，その理由です。

　加えて，都市の防災力の向上のために，木造密集地域の解消を目的として等価交換マンション手法を使うこともあります。

　なお、**5**では，複数地権者の土地や借地権を共同化した事例をいくつか紹介していますので，ご参照ください。

❷ 等価交換マンション事業を進めるとき、土地はどのように評価しますか？

Q❷-1 等価交換マンション事業は、土地所有者とデベロッパーが共同して行う事業であることについてはイメージすることができました。

ところで、等価交換マンション事業では、土地所有者とデベロッパーのそれぞれの出資割合に応じて完成したマンションの住戸を配分するという説明がありましたが、この中で、土地所有者の出資する土地の評価について確認をしたいと思います。

私が所有する土地（250坪）の周辺の土地評価は200万円/坪くらいです。そのため、等価交換マンション事業をする際の私の出資額は約5億円（＝250坪×200万円/坪）と考えればよいのでしょうか？

A 等価交換マンション事業における土地の評価額（事業における土地所有者の出資相当額）は、あくまで事業のなかで算定した数字となります。

デベロッパーが取得した住戸を売却することを目的として事業を進めるときは、次ページに示す計算式で求めた評価となります。

そのため、事業を進める際は、土地所有者がこの評価額に納得できる

か否かがひとつの判断基準となるでしょう。

> 等価交換マンション事業における土地の評価額
> ＝当該地に建てたマンションの総販売価格の原価－事業費

　また，デベロッパーが賃料収入を得るための保有目的で等価交換事業を進めるときは，収益性から評価したマンション価格から土地の評価額を求めることになります。

Q2-2 土地所有者が出資する土地の評価は，周辺の取引価格ではなく，土地上につくるマンションの売値の原価等から事業費を引いて求めた額ということですが，そうなると，上記の計算式で求めた土地の評価額は，周辺の土地の取引相場よりも高くなることも安くなることもあるのですね。

A マンションの売値等や事業費の多寡によっては，そうなることがあります。

Q2-3 そうすると，上記の計算式で求めた土地の評価額が周辺の土地の取引価格を下回るときは，等価交換マンション事業は行うべきではないと考えればよいのでしょうか？

A 等価交換マンション事業は土地活用事業の一つですが，土地を活用するには様々な目的があります。
　その意味で，等価交換マンション事業により土地所有者の主たる目的

❷ 等価交換マンション事業を進めるとき，土地はどのように評価しますか？

が達成できるのであるとすれば，事業による土地評価が周辺の土地の取引価格を下回ったとしても，事業を進めるメリットは十分にあります。

　この点を含めて，土地所有者は事業の可否を判断することになります。

Q❷-4　上記の計算式の，「事業費」とは，具体的にはどのような費用ですか？

A　事業費のなかの一番大きな費用は建設費ですが，そのほかに，設計費や整地費，マンションの販売経費等も含まれます。

Q❷-5　事業費のなかにデベロッパーがマンションを売却するときの販売経費などが含まれることは納得できません。これらを外して事業費は考えるべきではないでしょうか？

A　仮に，土地所有者が自ら資金を調達して分譲マンション事業を行う場合で考えてみましょう（現実には，不特定多数に対して分譲事業を行うときは，宅地建物取引業の免許が必要となるため，宅建の免許を持っていない普通の土地所有者が分譲事業を行うことはできません）。

　仮に，土地所有者がその土地にマンションを建築した後に，投下資金（建設費や設計費，土地の基盤整備費等）を回収するために完成したマンションの住戸の一部を売却するとすれば，販売用のモデルルームを設置する費用や広告宣伝費および販売会社に支払う手数料等も必要となるため，事業費にこれらの費用が含まれることについては理解できるでしょう。

　もっとも，こうした費用は，住戸を順調に販売することができれば，回収することが可能となります。

しかしながら，そもそも，マンションが順調に販売できることについての保証はありませんし，場合によっては，マンションを販売する時点では不動産価格が下がっていることも考えられます。

　このような販売リスクとともに，分譲したマンションについて売主は購入者に対して一定期間は建物の不具合等についての責任を負う必要もあります。

　以上のとおり，デベロッパーが入る事業であるからには，そもそもデベロッパーの利益も踏まえて土地価格を算定することになりますが，そのなかにはデベロッパーが保留床(注)の販売にかかる一定のリスクを負うことに加えて，その後のアフターサービスをになうコスト等も含まれていることも視野に入れて判断すべきでしょう。

　　（注）　土地所有者らが再取得しないで，デベロッパーが取得して第三者に売却する住戸を「保留床」といいます。

Q2-6　上記の計算式から考えると，同じ場所で計画をするときでも，マンションの販売価格や建設費次第では土地の評価額も上下することになるように思いますが，いかがでしょうか？

A　おっしゃるとおりです。同じ場所でも，マンション価格や事業費の状況により，大雑把にいうと，以下のように土地の評価額（土地所有者の出資額）は上下することになります。

　◆マンション価格は高く，建設費等の事業費が安い。
　　………土地評価が高くなる。
　◆マンション価格は変わらないが，建築費等の事業費は安い。
　　………土地評価が高くなる。

❷ 等価交換マンション事業を進めるとき，土地はどのように評価しますか？

◆マンション価格は安く，建築費等の事業費が高い。
　………土地評価は低くなる。
◆マンション価格は安いが，建築費等の事業費は変わらない。
　………土地評価は低くなる。

Q❷-7 そうすると，マンション価格が高いときや，建築費等が安いときに等価交換マンション事業の企画を立てればよいことになりますね。

A 理屈で言えば，その通りです。
　ただし，地価や建築費等がこれからどうなるかについて確実に予測をすることはできません。

　等価交換マンション事業の計画を始めてから，設計計画を確定したうえで契約に至るまでには短くても数か月程度の時間はかかるため，この期間中に状況が変わることもないとはいえません。

　なお，状況変更のリスクに関しては，検討期間をできるだけ詰めて計画を検討すれば，ある程度は対応することも可能ですが，42ページのQ❷-3でも述べたように，土地所有者の目的を達成するために等価交換マンション事業を行うのであれば，評価の高低だけで計画の可否を判断すべきではないと考えることもできるのではないでしょうか。

Q❷-8 同じ場所でも，容積率が高いほうが土地の評価額も上がることになりますね。

A 一般論ではそのとおりですが，実際には計画を立ててみないとなんともいえません。

たとえば，容積率が400％の土地でも，他の都市計画上の制約や，地形などによっては，400％の容積率が消化できないことがあります。

　例を挙げると，計画地は商業地域で容積率が高い立地でも，計画地の北側に低層の住宅地が広がっているようなときには，住宅地の日影の規制が厳しくて，都市計画上の容積率が全て利用できないことがあります（なお，計画地の地形や面積によっては，東側や西側に低層の住宅地が広がっているケースでも同じような制約を受ける可能性があります）。

　そのほか，敷地内の高低差等の施工条件によっても建設工事費は大きく変わります。

　また，郊外部等のマンションの分譲価格が高くない立地では，建設費次第では容積率のメリットを活かすことができない可能性もあります。

　以上の理由から，設計を含め，具体的に計画の検討を進めてみないと，土地の評価額は判断できないと考えるべきでしょう。

❸ 土地所有者が取得する住戸について教えてください。

Q❸-1 仮に30戸のマンションができるとして，土地所有者の出資割合が3割とすると，土地所有者は9戸（＝30戸×0.3）の住戸を取得できると考えればよいのでしょうか？

A この場合の「出資割合3割」とは，あくまでも市場価格ベースでの評価となります。

ご存じの方も多いと思いますが，マンションの評価は，住戸の位置（階数や向き等）によって異なります。

一般論でいえば，東向きや西向きの住戸よりも南向きの住戸のほうが評価は高くなり，低層階よりも高層階のほうが評価は高くなります。

そのため，たとえば低層階の西向きや東向きの住戸を中心に取得する場合と，高層階の南向きの住戸を取得する場合とでは，同じ金額で取得可能な住戸数や住戸面積が異なることになります。

Q❸-2 誰でも条件の良い住戸の取得を希望しますので，南向きの高層階を取得することが多いように思いますが，いかがですか？

2 等価交換マンション事業の概要を教えてください。

A 　土地所有者本人や家族が居住する住戸については，高層階で日当たりや眺望の良い住戸の取得を希望することが多くなりますが，第三者に賃貸する住戸については，あえて低層階の住戸を選択することもあります。

Q❸-3　第三者に賃貸する場合でも，条件の良い住戸のほうがよいのではないでしょうか？

A 　ケースによっても異なりますが，一般論でいいますと，条件の良い住戸とそうでない住戸との家賃の差は，販売価格の差よりも小さくなることが多い傾向にあります。

　そのため，土地所有者が等価交換後のマンションで賃貸経営を考えるときは，あえて低層階や南向き以外の住戸を選定する事例も少なくありません。要は，比較的割安で取得したとしても，一定の家賃が期待できるのであれば，利回りも高くなるためです。

　もっとも，昨今は，賃貸住宅の空き家も増えているので，物件の競争力によっては，こうした考え方が成り立たない可能性もあります。

　その意味では，事業ごとに市場調査のデータ等も鑑みて判断することが必要でしょう。

Q❸-4　交換取得する住戸は第三者に賃貸して家賃収入を得る予定です。そのため，住戸内の設備は分譲マンション用ではなく賃貸マンション用の仕様で十分ではないかと思っています。具体的には，キッチンや洗面所等の仕様を落とすことで取得コストを削減することは可能ですか？

❸ 土地所有者が取得する住戸について教えてください。

A この件についても，ケース・バイ・ケースだと思いますので，デベロッパーによく相談をしてください。

なお，私見を申しますと，高家賃で賃貸できる立地のときは，賃貸住戸であっても一定レベル以上の仕様は必要になると考えています。

また，デベロッパーも設備等はまとめて仕入れることで，分譲仕様のキッチンや洗面化粧台であっても有利な条件で発注をしているので，仮に標準仕様よりも仕様を落としたとしても，あまり大きな効果がないことも考えられます。

以上のような理由から，事例ごとにデベロッパーと協議したうえで判断されることをお勧めします。

Q❸-5 等価交換マンション事業でマンションを取得するときに，そのほかにかかる費用はありますか？

A マンションを購入するときは，通常は，管理基金や修繕積立基金への一時金の拠出が必要となります。これらの費用は，土地所有者が等価交換方式でマンションを取得するときにも必要となります。

そのほか，不動産の所有権移転登記等の費用が発生しますし，不動産取得税等の税金がかかることもあります。

その意味では，等価交換マンション事業を進める際には，その他費用の目安についてもデベロッパーに確認されることをお勧めします。

2 等価交換マンション事業の概要を教えてください。

❹ そのほか，等価交換マンション事業を進めるときの具体的な問題点について教えてください。

Q❹-1 等価交換マンション事業を検討しており，デベロッパーに売却した土地の評価額の大部分はマンションに等価交換する予定ですが，評価額の一部を現金で支払ってもらうことは可能ですか？

A もちろん可能です。

等価交換マンション事業は，❶でも述べたように，土地所有者が土地をデベロッパーに売却する契約と，同じ者がデベロッパーからマンションの住戸を購入する契約の2つの契約により実現します。

ところで，土地を2億円で売却したとして，その2億円をどのように使うかは，土地を売却した者が判断すればよいことなので，2億円全額をデベロッパーがつくるマンションの住戸を購入するために充当してもよいと思いますし，1.5億円相当額はデベロッパーがつくるマンションの住戸の購入に充当するものの，残りの5,000万円は現金で収受することも可能です。

この場合に現金で収受する部分は，一般的に「**交換差金**」と呼ばれています。

なお，等価交換マンション事業でマンションを取得したときに，買換え特例等の適用を受けることができる場合は，譲渡所得税の課税を繰り

延べることが可能ですが，交換差金に関して譲渡益があるときは課税の対象となりますので，この点については十分にご注意ください。

Q4-2
ところで，仮に土地所有者の出資割合が3割とした場合で，「交換差金（Q4-1を参照）はいらないから，全て住戸にかえてほしい」と考えていますが，現実に差額なしの完全な等価交換は可能でしょうか？

A
結論から申し上げると，等価交換による評価額を差額なしで全て住戸にすることは困難です。

Q2-1で示した計算式で求めた土地価格と取得予定のマンションの評価額がイコールとなるケースはほとんどないことが，その理由です。

現実には，可能な範囲で等価交換をして，過不足分については交換差金を授受するか，あるいは追加で資金を拠出する必要が出てくることがほとんどでしょう。

Q4-3
兄と2人で土地を共有しています。私は等価交換マンション事業を希望していますが，共有者である兄は土地の売却を希望しています。等価交換マンション事業では，こうしたケースにも対応することができますか？

A
もちろん，対応は可能です。

前述のように，等価交換マンション事業は，土地所有者が土地を売却する契約とデベロッパーが土地上につくったマンションの住戸を購入する契約の2つの契約で行われる事業です。

2 等価交換マンション事業の概要を教えてください。

そのため，質問者はこの2つの契約をデベロッパーと交わすことになりますし，共有者である兄の側はデベロッパーとの間で土地の売買契約だけ締結すればよいことになります。

Q4-4 甲は図2-5のA土地を，乙はB土地を所有しています。甲は乙とともに，この2つの土地を併せて等価交換マンション事業を行うことが可能ですか？

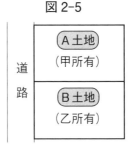

図2-5

A デベロッパーが甲および乙それぞれと等価交換契約を締結することで2つの土地を併せて等価交換マンション事業を行うことが可能となります。

現実には，等価交換マンション事業をするときに，隣接する複数の土地を併せた一団の土地でマンションを建設する事案も少なくありません。

なお，このようなケースでは，事業に参加する土地の所有者全員と同時に契約を行う場合を除くと，すべての契約が成立することが条件となる契約をすることになるでしょう。

Q4-5 すべての契約が成立することが条件となる契約とは，どのようなことを意味するのでしょうか？

❹ そのほか，等価交換マンション事業を進めるときの具体的な問題点について教えてください。

A 複数の土地を一体化して等価交換マンション事業を行うときには，仮にそのなかの1人でも欠けてしまうと事業が頓挫してしまう事態になりかねません。

また，事業が継続できるときであっても，評価は変わる可能性があります。

そのため，当事者全員と同時に契約をするときを除くと，すべての土地所有者との契約成立を停止条件とすることを意味します。

たとえば，前項の**Q❹-4**のケースで，デベロッパーと甲との契約を令和6年2月1日に，乙との契約を令和6年4月1日に行うときは，甲との契約に際して，「デベロッパーと乙との契約が成立することを条件」とする契約を交わしたときは，デベロッパーと乙との契約が成立しないと甲との契約も発効しないこととなります。

なお，すべての土地所有者との契約が成立しないことを解除条件とする場合もあります。

Q❹-6 複数の土地を併せて等価交換マンション事業をする際に，それぞれの土地において明らかに評価差があるケースも考えられます。このようなときは，土地の所有者間での地価の配分は，どのように考えればよいのでしょうか？

たとえば，図2-6のように，甲が所有するA土地と乙が所有するB土地を併せて等価交換マンション事業を行う場合で，A土地は道路に広く面した土地である一方で，B土地は路地状敷地であるとき（通常の不動産取引では，A土地と比較するとB土地の単価は安くなります）で説明をしていただけますか？

53

2 等価交換マンション事業の概要を教えてください。

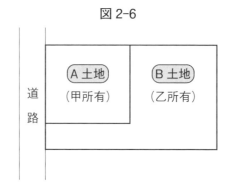

図 2-6

A　結論からいえば，甲と乙およびデベロッパーを含めた合意形成ですから，「こうしなければいけない」というルールはありません。

単に土地の取引価格ということで考えると，通常は A 土地のほうが B 土地よりも単価は高くなりますが，仮に A 土地だけでは等価交換マンション事業を進めることができず，B 土地も入ることから可能となる事業であるとすれば，A 土地を所有する甲がどうしても事業を進めたいときは，乙にある程度妥協することになると思いますし，甲も乙も同じくらいの気持ちで事業を進めたいのであれば，評価差は残ることになるでしょう。

Q4-7
私は，高度利用が可能な 300 坪の土地を借地（旧法借地権）しています。この場合，借地権をベースとした等価交換マンション事業を行うことは可能でしょうか？

A　計画地が，借地権付きのマンションを供給しても十分なニーズのある立地であり，容積率も十分に見込むことができることに加え

❹ そのほか，等価交換マンション事業を進めるときの具体的な問題点について教えてください。

て，地主（借地権が設定されている土地の所有者は「地主」と表現します）の協力が得られるのであれば事業化は可能です。

　事業の構造としては，借地人とデベロッパーとの間で，借地権の売却契約と借地権付きのマンションの売買契約を締結すれば，借地権による等価交換マンション事業を実現することも可能となります。

　もっとも，所有権で等価交換マンション事業を進めるときと比較すると留意すべき点がいくつかあります。

Q4-8 借地権をベースとした等価交換マンション事業を進めるに際して留意すべき点とは，具体的にはどのようなことでしょうか？

A 借地権は法律で保護されている権利ではあるものの，土地は地主から借りているものであるため，事業を進めるに際しては地主との交渉をしたうえで承諾をもらうことが必要です。

　なお，事業を進める際に地主との間で詰めておかなければいけない事項としては，以下が考えられます。

◈デベロッパーに借地権を売却することの承諾

◈当該地上にデベロッパーがマンションを建築することの承諾（なお，借地契約が非堅固建物所有目的であるときは，堅固建物所有目的に契約条件を変更することも必要です）

◈デベロッパーが借地権付きのマンションを分譲することの承諾

◈借地期間を延長することの承諾

◈以上の事業をするに際しての承諾料と地代の確認

2 等価交換マンション事業の概要を教えてください。

Q4-9 非堅固建物所有目的から堅固建物所有目的への契約条件の変更の意味がよくわからないので教えていただけますか？

A **1**のQ2-7（15ページ）でも述べたように，旧法借地権においては堅固建物所有目的のケースと非堅固建物所有目的のケースでは，借地期間や更新後の期間に違いがあります。

従前が非堅固建物所有目的であるときに，等価交換マンション事業で借地上にマンションが建つ場合は堅固建物所有目的となりますので，借地期間や更新後の期間が長くなるため「契約条件の変更」の承諾が必要となります。

Q4-10 借地権型の等価交換マンション事業を進めるに際して，地主の承諾はどの時点でもらうべきでしょうか？

A 地主の側でも事業の詳細がわからないと，承諾料等も含めた判断ができない可能性が高いのではないでしょうか。

その意味では，具体的な承諾はある程度計画が詰まったところでもらうことになると思いますが，等価交換マンション事業を計画していることは，計画の検討を始める等の早い時点から話しておくべきでしょう。

Q4-11 計画がどうなるかわからないのに，検討段階で地主に話をしても，計画が頓挫したときはどうすればよいのですか？

❹ そのほか，等価交換マンション事業を進めるときの具体的な問題点について教えてください。

A　そのときは，計画が頓挫した旨を報告すればよいでしょう。特にペナルティはないので，丁寧に説明すれば，問題ないでしょう。

Q❹-12
地主に等価交換マンション事業を計画している旨を話したところ，地主から「底地を提供するので，私も事業に参加させてほしい」という話をもちかけられました。地主も借地人も参加して等価交換マンション事業を進めることは可能ですか？

A　可能です。地主が底地（借地権が設定されている土地）をデベロッパーに売却するとともに，借地人も借地権をデベロッパーに売却することで，デベロッパーは地主でもあり借地人でもあることになるため，混同により借地権は消滅し，完全な所有権となります。

そのため，結果として，地主は底地を売却することにより，また借地人は借地権を売却することで，それぞれ敷地利用権の種類が所有権であるマンション（以下，「所有権マンション」といいます）を手に入れることになります。

Q❹-13
複数の土地で，借地権と所有権が混在するようなときでも，それらの土地をまとめて等価交換マンション事業をすることは可能ですか？
たとえば，図2-7のように3つの土地があり，甲土地はAの単独所有，乙土地はBが借地人でCが地主，丙土地はDが借地人でEが地主となっているケースで教えてください。

2 等価交換マンション事業の概要を教えてください。

図 2-7

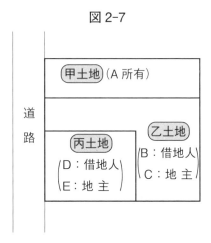

A デベロッパーがA・B・C・D・Eの全員と契約をすることができれば、もちろん、この土地で等価交換マンション事業を進めることは可能です。

なお、このケースでは、完成後のマンションは所有権マンションとなります。

《複数の借地権をまとめて借地権付きの等価交換マンションを事業化することは可能か？》

　58ページの図2-7の甲土地・乙土地・丙土地が全て借地権であるとしましょう。

　この場合に，各土地の借地人全員とデベロッパーだけで等価交換マンション事業を行うことはできるでしょうか。

　結論から言えば，54～55ページの**Q④**-7，**Q④**-8の条件を全て満たすことができれば，理論上は可能です。

　ただし，3つの土地の地主が同じであれば問題はありませんが，地主も複数になると，分譲後のマンションの管理運営が難しくなるので，デベロッパーも事業化を躊躇するかもしれません。地主も複数で，借地権の準共有者も複数になることが，その理由です。

❺ 今までに実施された等価交換マンション事業から学ぶべきポイントを教えてください。

Q5-1 等価交換マンション事業についてある人に相談をしたところ、「古い話だけど、知り合いで等価交換マンション事業により土地を全部失った者がいるから注意したほうがよい」といわれました。その話が事実だとすると、この事業はものすごくリスクが高いように思うのですが、いかがですか？

A 細かな経緯はその方に聞かないと何ともいえませんが、考えられるパターンは2つあります。

1つは、等価交換マンション事業の名を騙った詐欺です。世の中には、人をだまして財産を手に入れようとする輩もいるので、注意が必要であることはご指摘のとおりですが、これはなにも等価交換マンション事業だけに求められる注意点ではないでしょう。

2つは、**Q❶**-10（38〜39ページ）でも述べましたが、等価交換契約をして土地をデベロッパーに明け渡した後にデベロッパーが倒産してしまい、最終的には破産処理が行われたようなパターンです。

デベロッパーが倒産したとしても、破産処理ではなく会社更生法や民事再生法による処理が行われるときは、特にその等価交換マンション事業を継続することで確実に収益が上がると見込まれる事業であれば事業

❺ 今までに実施された等価交換マンション事業から学ぶべきポイントを教えてください。

継続の可能性もありますが、破産となるとご指摘のようなリスクも考えられます。

なお、どんな事業でも同じですが、以上のようなことを考えると、事業を組むパートナーの選定がきわめて重要となります。

土地所有者は、デベロッパーの格付けや社会的な評判等も含めて、事業パートナーとして最適か否かを判断すべきでしょう。

Q❺-2 知人が等価交換マンション事業で建てられたマンションに住んでいるのですが、そのマンションでは元地主(注)が駐車場の専用使用権を持っているので、一般の区分所有者が利用できる駐車場が少ないことが大きな問題となっているそうです。このようなことを考えると、マンションの供給手法として等価交換方式には問題があるのではないでしょうか？

A ご指摘の内容は、等価交換マンションだけではなく、残念ながら、通常の分譲マンションの一部でも見受ける問題です。

古いマンションの中には、デベロッパーが分譲時に特定の区分所有者に駐車場の専用使用権を売却していることがあり、結果として、他の区分所有者との間でトラブルが発生していることもあります。

もちろん、等価交換マンションにおいて元地主が駐車場の専用使用権者であることもありますが、これ自体は、等価交換マンション固有の問題ではなく、わが国において、分譲マンションのあり方が確立していなかった時期に生じた問題のひとつといえるでしょう。

（注）等価交換マンション事業で土地を提供した元の土地所有者を、以下 Q❺-4 までは「元地主」といいます。

2 等価交換マンション事業の概要を教えてください。

Q5-3 等価交換マンション事業で建てられたマンションに住んでいる知人の話によりますと，元地主がそのマンション全体の3割ほどの住戸を所有しており，また長い間ずっと理事長の椅子に座っていて，自分の思い通りに管理をしているそうです。等価交換マンションではこうした問題はしばしば生じているのですか？

A しばしば生じているか否かはわかりませんが，現実にそうしたマンションが存在することは事実です。

　もっとも，同じ人物が理事長を続けているケースも，等価交換マンションだけの問題ではなく，普通のマンションでも見受けられる状況です。

　やる気のある人が理事長であることのほかに，多くの区分所有者が管理に無関心で理事や理事長のなり手がいないマンションでもこうした話をきくことがあります。

　もっとも，理事長がやる気のある人物のときは，結果として良好な管理につながっていることも少なくありません。特に元地主が理事長に就任しているケースでは，本人がマンションに愛着を持っているケースも多いので，この点が管理においてメリットになる可能性もあります。

　マンションは，適切に管理をすることで長きにわたってその価値を維持できるものであるため，これから等価交換マンション事業を計画される人物にそうした意識があるのであれば，むしろ良好な管理を実現できることが可能となるのではないでしょうか。

Q5-4 等価交換マンションでは，多くの住戸を持っている元地主は，その住戸を第三者に貸しているので，管

❺ 今までに実施された等価交換マンション事業から学ぶべきポイントを教えてください。

理が行き届かないことがあるという話をきいたことがありますが，いかがでしょうか？

 これも，前問の回答と重複しますが，最終的には最大の区分所有者である元地主の意識の問題だと思います。

　第三者に賃貸していても，適切に住戸を管理していれば問題はありませんし，元地主が管理に積極的に関与してくれることで，むしろ良好な管理が実現できているマンションも少なくありません。

　また，通常の分譲マンションでも，マンションが完成してからある程度期間が経過すると，転勤等により第三者に住戸を賃貸するケースもでてくるので，「賃貸することが悪い」わけではなく，賃貸人が賃借人を適切に管理していることと，賃貸人である区分所有者がマンション管理に意欲を持っていることが重要です。

《間取りのバリエーションが多いことは問題か？》

　等価交換マンション事業において，元地主が賃貸用で取得する住戸は，1LDKから2LDKくらいまでの間取りとなることが多くあります。
　一方で，デベロッパーが分譲する住戸の間取りは3LDKが中心となるようなときは，マンション内に様々な間取りのバリエーションが存在することになります。
　以前は，こうしたマンションはあまり好まれていませんでしたが，住み方の多様性が進むなかで，最近は等価交換によるマンション以外でも，こうした「間取りのハイブリッド化」が増えているようです。

3 等価交換マンション事業を有効に利用できるケースを教えてください。

❶ 等価交換マンション事業によって解決した課題のケースを教えてください。

Q❶-1 等価交換マンション事業が土地所有者にメリットとなるのは，どのようなときでしょうか？

A 等価交換マンション事業は土地活用事業のひとつですから，事業により住みやすい居宅を手に入れることが可能となるほか，取得した住戸を第三者に賃貸して安定した収益を確保すること等が可能となります。そのほか，この事業を進めることで，土地所有者の目的（❶のQ❶-3（3ページ）参照）の達成が可能となります。

また，土地活用に際して，借入金で事業を進めることを土地所有者が嫌うときにも，この事業手法を選択することがあります。

Q❶-2 「借入金で事業を進めることを土地所有者が嫌うとき」というのは，具体的にはどのような場合でしょうか？

A 例を示すと，高度利用が可能な地区にまとまった規模の土地を有している土地所有者が土地の最有効利用を検討しているにもかかわらず，土地所有者に必要な手持ち金がないケースが典型でしょう。

たとえば，面積が200坪で，容積率が500％の土地を最有効利用する

❶ 等価交換マンション事業によって解決した課題のケースを教えてください。

ときは，延床面積が約 1,000 坪ほどの建物を建築することが可能です。

そして，その建築計画にかかる事業費は，仮に 200 万円／坪とすると，総額で 20 億円の投資額が必要となります。

競争力がある立地であり，計画そのものが市場にあったものであれば，賃貸マンションや賃貸ビルを建築したとしても，低い事業リスクで一定の収益を期待することができますから，資金調達が可能であれば借入金で事業を進めてもよいと思います。

しかし，個人はもとより，企業の場合でも，本業ではなく，土地の有効活用のために 20 億円を借り入れることを忌避するケースは少なくないのではないでしょうか。

このようなときには，土地の共有持ち分を一部手放すことになるとしても，等価交換マンション事業は有効な事業となるはずです。

Q❶-3 そのほか，等価交換マンション事業により，土地所有者の課題を解決できることもあると聞いたことがありますが，具体的にはどのようなケースが想定できるのでしょうか？

 いろいろな場面が考えられますが，よく用いられるのは表 3-1 に示すような課題を解決しながら土地の活用を検討するときです。

Q❶-4 「区分所有権の活用ができる場面」の意味について，詳しく説明していただけますか？

 これまでも述べてきましたが，等価交換マンション事業とは，土地所有者が土地をデベロッパーに売却した後に，デベロッパーが

3 等価交換マンション事業を有効に利用できるケースを教えてください。

表 3-1 等価交換マンション事業で解決した課題の例

具体的なテーマ	資産規模：中・小	資産規模：大
「区分所有権」であることが有効に機能するケース	○相続税効果対策 ○遺産分割対策	○納税対策 ○遺産分割対策
	○共有物の分割	
	○資産のリストラ	
共同化による土地のポテンシャルの向上	○借地・底地関係の整理	
	○隣地との共同化による資産価値の向上（狭小地，不整形地等）	○隣地との共同化による資産価値の向上（不整形地等） ○単独では容積率の消化が困難なとき
不動産賃貸業への業態変換		
マンションの建替えや再開発		

土地上に建てたマンションの住戸に買い換えることによる土地活用手法です。

ところで，マンションの敷地利用権（土地にかかる権利）は，区分所有者全員で共有（敷地利用権が所有権以外の場合は準共有）されますが，この敷地利用権は原則として単独では取引されず，区分所有権（専有部分を所有する権利）とともに取引されることになります（区分所有法22条「敷地利用権が数人で有する所有権その他の権利である場合には，区分所有者は，その有する専有部分とその専有部分に係る敷地利用権とを分離して処分することができない。ただし，規約に別段の定めがあるときは，この限りではない。」）。

そのため，等価交換マンション事業の結果，複数の住戸を所有するときは，土地の共有持ち分をその住戸の区分所有権に紐づけて分割することが可能となります。

たとえば，等価交換マンション事業により，土地所有者は土地上に建

❶ 等価交換マンション事業によって解決した課題のケースを教えてください。

図3-1 共有物分割のイメージ：A・Bの2人が共有する土地において，等価交換マンション事業により，デベロッパーは全24戸（全戸同じ間取りとする）のマンションを建て，そのうち6戸を土地所有者に還元し，A・Bともに3戸の区分所有権を取得する場合

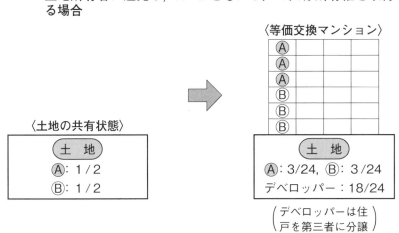

てられたマンションの6戸分の住戸を所有するケースを想定してみましょう。

　仮に相続人が2人いる土地所有者が将来的な相続の際の遺産分割対策を検討していて，土地所有者が2人の相続人に等分に資産を承継させたいと考えているとすれば，等価交換マンション事業により，相続人は各3戸ずつの住戸を相続することで対応することができます。

　また，同じ土地が2名の共有地であるときは，事業を通じて共有者それぞれが住戸を3戸ずつ取得することで，結果として共有物の分割を実現できます（図3-1）。

　このようなことから，土地所有者が「遺産分割対策」や「共有物の分割」を検討する際には，等価交換マンション事業は極めて有効な手法の一つとなります。

3 等価交換マンション事業を有効に利用できるケースを教えてください。

Q❶-5 前問の説明のような区分所有権の特色を利用することができることで，「遺産分割対策」や「共有物の分割」等が実現しやすくなるわけですね。

A はい，そのとおりです。
　いろいろな条件から土地の現物分割が難しいときでも，マンションのような区分所有建物の特色を活かすことで，結果として遺産分割や共有物の分割等に対応が可能となる場面は少なくありません。

Q❶-6 等価交換マンション事業により分割が行いやすくなることについては理解できましたが，仮に現物分割が困難な土地であっても，土地の共有持ち分の売却は，法律上は可能だと思います。そうだとすると，あえて「共有物の分割」にこだわる必要はないように思いますが，いかがですか？

A おっしゃるとおり，法律上，土地の共有持ち分を処分することは可能ですが，一方で，共有関係になると，管理行為については共有持ち分価格の過半数（民法252条）で行うことが必要ですし，共有物の変更には共有者全員の同意が必要（民法251条）です。
　こうしたことを考えると，制度上は可能であるとしても，最終的に共有者全員から土地を購入するときを除いて，あえて土地の共有持ち分だけを購入する人はほとんどいないことがおわかりいただけるでしょう。

Q❶-7 わざわざマンションにしなくても，土地を分割すればよいような気がします。「いろいろな条件から土地

❶ 等価交換マンション事業によって解決した課題のケースを教えてください。

の現物分割が難しいとき」という話がありましたが，民法には，共有物の分割請求の規定（256条）も，共有者間で協議が調わないときは裁判による共有物の分割ができるとする規定（258条）もありますので，粛々と分割をすればよいのではないかと思います。この点についてはいかがでしょうか？

A　ご指摘のように，共有者は基本的にはいつでも共有物の分割請求をすることができます（民法256条1項ただし書きにより，共有者により「5年を超えない期間内で分割をしない契約」をしている場合を除きます）。また，共有者間の分割に係る協議が調わないときは裁判による分割の請求も可能です。

　ところで，建築基準法は，原則として道路に2m以上接していない土地には建物を建築することができない旨を規定しています（建築基準法43条。なお，道路については同法42条と43条1項で規定されています）。

　そのため，たとえば図3-2のように幅員3mの路地状敷地で道路に接しているような土地は，面積が広くても事実上分割は困難となります。仮にむりやり土地を2つに分けても，少なくとも一方の土地には建物を

図3-2　幅員3mの路地状敷地で接道している土地のイメージ

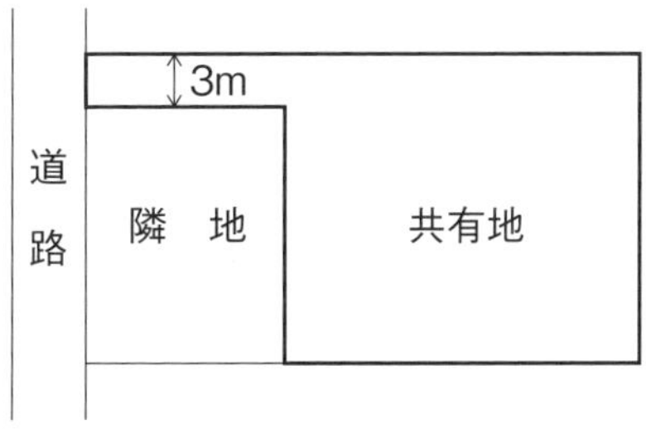

建築することができなくなるためです。

なお，建物所有目的ではなく，たとえば農地として利用するのであれば問題はないかもしれません。

次に，一般論ですが，等価交換マンション事業が成り立つような土地は，高度利用が可能である（中高層建物を建築することができる）ことから，総じて土地の評価も高くなる傾向があります。

ところで，土地上に中高層建物を建てるときは建物内に「階段」を設置することが不可欠ですし，建物が高くなると，エレベータの設置も必要となります。しかしながら，エレベータはもとより，階段を設置するときには建物ごとに法律上必要とされる最低限の寸法がきまっています(注)。

特に細分化された土地では，各階の床面積に占めるそれらの割合が相対的に大きくなってしまうため，結果として土地の利用効率も落ちてしまいます。

加えて，大きな建物と比較すると，規模の小さな建物は，建物としての魅力の演出が難しい傾向があります。

以上のような理由から，高度利用が可能な地区にまとまった規模の土地を所有しているときに，その土地を細分化することは土地の価値を棄損してしまうことにつながるほか，分割した土地が不整形地になるようなときには，土地全体の評価をさらに落としてしまう可能性も高くなるのではないでしょうか。

そのため，あえて細分化せずにマンション等の区分所有建物を建てるほうが良いケースも少なくないわけです（**5**の[**事例1**]，また[**事例2**]の図 5-5（152 ページ）のケース等をご参照ください）。

もちろん，等価交換マンション事業ではなく，単純に土地で分割をしたほうが良いこともありますので，高度利用できる土地はすべて等価交

❶ 等価交換マンション事業によって解決した課題のケースを教えてください。

換マンションにすればよいわけでもありません。

（注） たとえば階段の場合でみると，建築基準法施行令23条，24条および27条で，建物ごとに必要とされる「有効幅員」や「蹴上」の高さ，および「踏面」の奥行等が規定されています。小規模の一戸建て住宅で考えると，有効幅員は75cm以上，蹴上は23cm以下，踏面は15cm以上とされています。仮に壁芯の寸法を90cm，階高が3mの建物とすると，階段は最低で14段必要となるので，階段部分の面積だけで1.89㎡が必要となるほか，通常は階段を利用するためのスペースや廊下も必要となるはずですし，高齢者が利用する階段の場合は勾配をより緩やかに設置することから，階段に必要な面積はさらに大きくなるはずです。

Q❶-8　「分割により土地全体としての評価が落ちる」とは，具体的にはどのようなケースでしょうか？

A　高度利用が可能であるものの，道路間口が広くなく，奥行きが長い土地などがその典型といえるでしょう。

図3-3のように，このような土地を分割するときは，道路沿いの土地と路地奥の土地に分けるケースも考えられますが，路地状敷地については建築計画を進める際にネックになることもありますし，特に路地部分が長くなると，奥の土地評価はかなり低くなるものと思われます。

図3-3

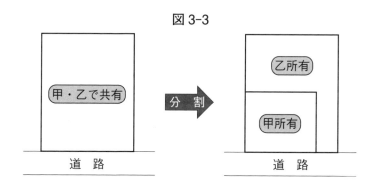

3 等価交換マンション事業を有効に利用できるケースを教えてください。

Q❶-9 「分割を行いやすい」ことが、遺産分割や共有物分割の際の対応の容易性につながることは理解できましたが、「相続税の納税対策」を検討する際にも等価交換マンションが寄与できるという点について、もう少し細かく説明していただけますか？

A 複数の住戸を取得した場合は、必要に応じてその一部を売却することで納税資金を確保することが可能となります。

また、取得した住戸を第三者に賃貸して家賃収入を得ることで、相続税の延納等に対応できる可能性もでてくるでしょう。

Q❶-10 相続税の納税のために住戸等を一部売却するときは、売却して得た利益には税金がかかりますか？

A はい。現行税制では、売却した不動産の売却価額から取得原価と譲渡に要する費用、および相続税のうち売却した不動産に相当する額を控除したものが売却による利益となりますので、その利益に対して譲渡所得税が発生します。

Q❶-11 そのときの税率はどうなるのでしょうか？

A 個人の場合では、譲渡所得税・住民税は分離課税となりますので、売却した人の収入の多寡にかかわらず、所有期間（売却した年の1月1日現在で5年を超えるか否か）により異なります（詳細は**4**の**Q❶**-1〜11（98〜104ページ）をご参照ください）。

なお、この「所有期間」の計算は、マンションを取得してからのカウ

❶ 等価交換マンション事業によって解決した課題のケースを教えてください。

ントとなるので，特に全部譲渡方式による場合には注意してください。

Q❶-12 住戸等を第三者に貸すことで相続税の延納に寄与するということについて，もう少し説明してください。

A 「相続税の延納」とは，わかりやすくいえば，相続税を分割払いすることです。

もちろん，延納をする場合にも要件がありますし，相続財産に占める不動産の割合等により分割回数（年数）も異なりますが，延納を検討する際の大きなポイントは，納税が完了するまでの間，滞りなく元利金の返済を行うことができるか否かです。

延納を選択する場合は，元金均等返済（❶のQ❸-4（22ページ）参照）と同じ考え方になるため，当初何年かの納税負担がかなり重くなります。そのため，しっかりとした納税計画を立てておくことが不可欠となります。

等価交換マンション事業により取得した住戸を第三者に賃貸することによる家賃収入で問題なく延納資金をまかなうとともに，担保の提供ができるのであれば，この手法を採用することも検討の選択肢となるでしょう。

もっとも，具体的な検討については，税理士等の専門家と相談して進めるべきです。

そのほか，納税資金を金融機関から借りて，その返済に等価交換マンションからの家賃収入を充当するケースも考えられます。

金利や返済年数等を比較しながら，延納するか借入れで対応するかの選択をすることをお勧めします。

3 等価交換マンション事業を有効に利用できるケースを教えてください。

Q❶-13　「資産のリストラ」とは，どういうことですか？

A　土地所有者にまとまった借入金があるようなときで，その返済が土地所有者の事業収支や生計を圧迫しているような場合に，土地の売却益の一部で借入金を返済したうえで事業を継続すること，あるいは不動産賃貸業に業態を変換することにより，収益性を改善できるケースがあります。

等価交換マンション事業においても，交換差金で借入金を返済したうえで，残余の資金をマンションの住戸の購入資金に充当することで，資産のリストラを実現できるケースがあります。

この場合の返済すべき借入金は，具体的には，建物の建築資金や建物の改装資金もしくは事業の運転資金等を充当するために借り入れたものの，事業環境の変化や経済情勢の悪化等により負担となっているもの等が考えられます。

Q❶-14　等価交換マンション事業により資産のリストラを進める手続きについて教えてください。

A　計画地が等価交換マンション事業に向いた土地であり，借入金の残高が等価交換を前提とした土地評価よりも低い金額であることが，このスキームを進めるうえでの前提となります。

借入金の返済については，デベロッパーから交付される交換差金でまかない，残余の部分を等価交換マンション事業に投下する形態をとります。

この件についてケーススタディで考えてみましょう。

以下の設定条件により，事業の中で債務を返済し，残余財産で等価交

❶ 等価交換マンション事業によって解決した課題のケースを教えてください。

換マンション事業を行うこととします（復興特別所得税は考慮に入れていません）。

```
▷等価交換を前提とした土地評価（A）  ：5億円
▷債務残高                          ：1.5億円
▷所有者                            ：個人
                                  （先祖伝来の土地，取得原価
                                    は売却額の5％）
▷交換差金（B）                      ：1億8,519万円
                                  （譲渡所得税3,519万円）
▷等価交換事業に投下する部分((A)-(B))：3億1,481万円
```

このケースでは，1億8,519万円の交換差金を交付し，3億1,481万円分を等価交換マンションの取得資金として投下することが可能となります。

Q❶-15 「共同化によるポテンシャルの向上」とは，どういうことですか？

A 容積率が高く高度利用が可能な土地であるにもかかわらず，土地の面積が狭いため単独では容積率をフルに使った活用が困難なとき（**5**の図5-10（164ページ）参照）や，不整形地であるため単独では有効な計画が困難なケース，土地が路地奥であるため道路側の土地を含めたほうが土地を有利に活用することができるケース（**5**の図5-8（160ページ）参照）等を挙げることができます。

そのほか，図3-4のように，商業地域等で容積率が400％あるにもかかわらず，土地の前面道路の幅員が4mしかないときに，広い道路に面した土地を含めて活用することで容積率をフルに利用できるケースなども挙げることができます(注)（**5**の図5-9（161ページ）も参照）。

77

3 等価交換マンション事業を有効に利用できるケースを教えてください。

図 3-4

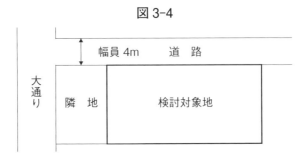

（注）　容積率には，都市計画上の容積率以外に，前面道路の幅員による制約もあります。住居系の用途地域の場合は［前面道路の幅員×0.4］，非住居系地区の場合には［前面道路の幅員×0.6］が容積率の上限となり，都市計画上の制限と道路幅員により求めた容積率のどちらか低いほうを採用することとなります。

図 3-4 の場合では，検討対象地は 4m 道路にしか接していないので，単独で活用をするときは，240％（＝ 4 × 0.6）が利用できる容積率の上限となります。

Q❶-16　「借地権と底地の整理」についても，同じように理解すればよいのでしょうか？

A　広い土地に借地権が設定されているときは，地主とデベロッパー，借地人とデベロッパーがそれぞれ等価交換契約を交わした上でデベロッパーは所有権マンションを建て，完成したマンションの住戸をそれぞれの出資割合に応じて配分することが可能となります。

たとえば，69 ページの図 3-1 の共有物分割のイメージと同じ条件で考えてみましょう。

具体的には，デベロッパーが，地主 A，および当該地に借地権を設定している借地人 B と等価交換契約をすることで，24 戸の所有権マンションを建てるケースで，出来上がったマンションについて A・B ともに 3 戸の住戸を取得するものとします（図 3-5）。

❶ 等価交換マンション事業によって解決した課題のケースを教えてください。

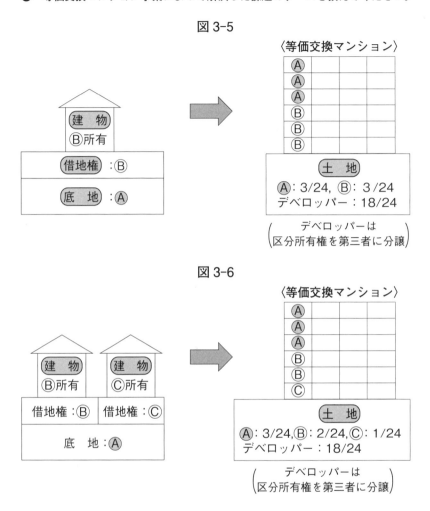

図 3-5

図 3-6

なお、借地権が設定された複数の土地と借地権を対象として等価交換マンション事業を進めることも可能です。

図 3-5 のケースで、同じ面積の土地上に借地人 B（やや広めの借地や条件の良い借地）と借地人 C（狭い借地や条件の悪い借地）が設定されているケースで、A・B・C 全員が等価交換契約をすることにより、完成

3 等価交換マンション事業を有効に利用できるケースを教えてください。

したマンションについて地主Aが3戸，Bが2戸，Cが1戸の所有権マンションを取得するときの概念を示すと図3-6のようになります。

Q❶-17 「不動産賃貸業への業態変換」について教えてください。

A 等価交換マンション事業が可能な土地で，土地上に商店や飲食店，あるいは作業場や自らが経営する会社の事務所を置いているようなケースで，何らかの理由から本業の継続が困難となったときに，これまでの事業を廃業して不動産賃貸業を行う場合が典型でしょう。

なお，本業は廃業しないまでも，事業を縮小したうえで，事業に利用しない部分で不動産賃貸業を行うケース等も，その類型にいれてよいと思います。

Q❶-18 業態転換の例は多いのですか？

A 顧客の嗜好が変わったことや，競合等により事業が厳しくなった場合のほか，経営者に後継者がいない等の理由から，業態の転換を検討するケースは少なくないと思います。

なお，業態の転換に際しては，既存の借入れの返済などを伴うこともありますので，等価交換マンション事業で課題を解決できる場面も少なくないものと考えられます。

❷ 等価交換方式によるマンション建替えについて教えてください。

Q❷-1 等価交換方式はマンションの建替えでも利用されているのですか？

A はい。これまでも，等価交換方式により多くのマンションの建替えが実現しています。

マンションの建替え手法は大きく分類すると**表3-2**の通りですが，このうち，マンションの建替え等の円滑化に関する法律（以下，「円滑化法」といいます）による手法は2002年に円滑化法が成立してから誕生した手法ですから，それ以前のマンション建替えでは用いられていませんし，円滑化法成立以降もすべての建替えが円滑化法を用いて行われているわけではありません。

表3-2 マンション建替えの合意形成方法と事業手法の類型

合意形成方法	事業手法
全員同意	自主建替え
	等価交換方式
	円滑化法の個人施行方式
建替え決議	自主建替え
	等価交換方式
	円滑化法の組合施行方式
マンション敷地売却決議	（注）2014年の円滑化法の改正により定められたもので，本書では詳細には触れないが，今後はこれを活用した手法が増えると思われる。

3 等価交換マンション事業を有効に利用できるケースを教えてください。

なお、理論上は自主建替えもメニューの一つですが、実務上はかなり困難であるため、円滑化法を使わない建替えのほとんどは等価交換方式による建替えと考えてよいでしょう。

Q❷-2 表3-2の中に、区分所有者全員の同意により等価交換方式でマンションを建て替えるケースと、建替え決議を経て建て替えるケースについての記載がありますが、この二つの手法の違いについて説明をしてください。

A 区分所有者全員の同意による等価交換方式とは、建替え決議を経ずに、区分所有者全員とデベロッパーとの間で等価交換契約を結んで建替えを進める事業方式です。

たとえば、区分所有者の数が少なく、また区分所有者のまとまりの良いマンションでは、この手法で建替えを進めることも可能です。

一方で、建替え決議により等価交換方式でマンションを建て替えるということは、区分所有法で定める建替え決議を経て、建替えに参加することとなった区分所有者(注)全員と等価交換契約を締結してマンションの建替えを進める手法を意味します。

(注) Q❷-5で後述するとおり、マンションの建替え決議集会の際に建替えに賛成した区分所有者、および建替え決議には賛成しなかったものの、その後の催告の結果、建替えに参加することとなった区分所有者が、「建替えに参加する区分所有者」となります。

Q❷-3 建替え決議を経るか否かにかかわらず、等価交換方式でマンション建替えを進めることは、これまでも述べられてきた隣接地を含めた複数の地権者との等

❷ 等価交換方式によるマンション建替えについて教えてください。

価交換マンション事業と同じような考え方になりますね。

A　はい。隣接する複数の土地を含めた等価交換事業や，複数の借地権者と地主を含めた合意形成と同じと考えてよいと思います。

　もっとも，マンションの多くは，数十人以上の区分所有者がいることを考えると，隣接地を含めた等価交換マンション事業よりも関係者の数は多くなるので，合意形成に時間や手間がかかることが多くなるでしょう。

Q❷-4　ところで，建替え決議を経ずに，区分所有者全員の同意による等価交換方式でマンションを建て替えた事例はありますか？

A　旭化成不動産レジデンスの建替え実績の中でも，区分所有者が少ないマンションでは，建替え決議を経ずに，区分所有者全員で等価交換契約をすることで建替えを実現した事例がいくつかあります。

Q❷-5　建替え決議を経て等価交換方式で建替えを進めるときの手続きについて教えてください。

A　建替え決議の手続きについては，区分所有法の62条から64条までに規定があります。

　具体的には，建替え決議集会を招集するときは，62条2項に示す内容に基づいた議案を作成するとともに，5項に規定された通知事項を記載したうえで，集会の2月以上前に招集通知を発送します。

3 等価交換マンション事業を有効に利用できるケースを教えてください。

次に，集会の1月以上前に通知事項の説明会を開催したうえで，集会において区分所有者と議決権の各5分の4以上の賛成により建替え決議が成立します。

なお，建替え決議に賛成しなかった区分所有者がいるときは，集会の招集者はすみやかに彼らに対して，建替え決議による建替えに参加するか否かを問う書面（催告書）を送付します。

この書面が到達後2月以内に「建替えに参加する」旨の回答をした者は，建替え決議に賛成した区分所有者とともに建替えに参加することとなります。

一方で，この期間内に建替えに参加する旨の回答をしなかった区分所有者は建替え不参加者となります。

建替え不参加者に対しては，建替えに参加する区分所有者もしくはその承継人か，建替え参加者全員の同意による買受指定者が売渡し請求権を行使することができるとされています（区分所有法による売渡し請求権の行使期間は，建替え不参加が確定してから2月以内です）。

ご質問のケースでは，等価交換契約は，建替え決議後に建替え参加者の全員とデベロッパーとの間で締結することになります。

Q2-6 前問の場合は，建替え決議後すぐに等価交換契約をするのでしょうか？

A 等価交換方式でマンションを建て替えるときは，既存のマンション（以下，「旧マンション」といいます）の区分所有者の権利をデベロッパーが購入する契約と，新しく建てるマンション（以下，「新マンション」といいます）を区分所有者らに売却する契約で構成されます。

このうち，少なくとも新マンションの購入契約を締結するには，新マ

❷ 等価交換方式によるマンション建替えについて教えてください。

ンションにかかる建築確認が下りることが必須条件です。

加えて，各区分所有者が新マンションのどの区分所有権を取得するのかが決まらないと，この契約をすることはできません。

旧マンションを売却する契約と新マンションを購入する契約を1つの書面で進めるときは，実務上は，建替え決議後に住戸の選定を行い，建築確認も取得することが必要となるので，建替え決議から等価交換契約までは一定の時間がかかることになります。

もっとも，旧マンションの売買契約だけを先行して行うときは，極論をいえば，建替え決意後すぐにこの契約にとりかかることも可能です。

Q❷-7 最近では，マンション建替えをするときは，円滑化法の手続きで進める（特に組合施行方式で進める）ことが主流となっていると聞いていますが，その理由を教えてください。

A 円滑化法の組合施行方式は，権利変換手法を用いて建替えを進める手法なのですが，建替え決議後の等価交換契約に代えて行う権利変換等の手続きについてはマンション建替組合（以下，「建替組合」といいます）の決議と，都道府県知事等の認可で建替えを進めることができます。

この場合の建替組合における権利変換計画の決議要件は，議決権（組合員の数）と組合員の専有面積割合の各5分の4以上となっていますが，逆に考えると，手続きに協力的でない組合員や何らかの理由で反対をする組合員がいるとしても，ごく少数であれば，この手続きにより進めることは可能です。

これに対して，等価交換方式で建替えを進めるときは，建替え参加区

85

3 等価交換マンション事業を有効に利用できるケースを教えてください。

図 3-7 マンションの建替え決議から売渡し請求までの大まかな手続き

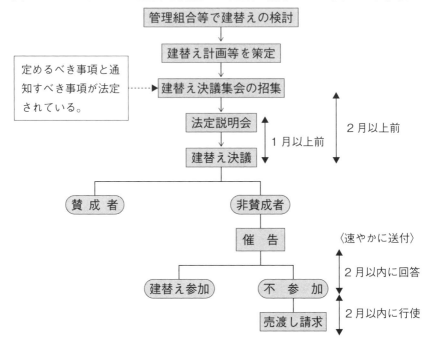

分所有者全員と契約をすることが必須となります。

そのため、区分所有者の人数が多いマンションや、遠隔地に住んでいる区分所有者が多いマンションなどでは、すべての建替え参加者と契約を締結するまでに相当の時間がかかることがあります。

そのほかにも細かな理由はありますが、建替えを進めるときは円滑化法の組合施行方式が有利であるとみなされることが多いので、こちらの手法が主流となっています。

なお、マンションの建替え決議から売渡し請求までの大まかな手続きを示すと図 3-7 のようになります（マンション建替えの手続きについてご興味のある方は、大木祐悟・重水丈人著『[Q&A] マンション建替えのす

❷ 等価交換方式によるマンション建替えについて教えてください。

すめ方』プログレス刊等もご参照ください）。

Q❷-8　一方で，いまだに等価交換手法により建替えを進めているマンションもあるようですが，なぜすべてのマンションで円滑化法による手続きを採用していないのですか？

A いくつかの理由が考えられますが，ここでは大きく2つの理由を述べます。

第1は，規模があまり大きくなく区分所有者のまとまりが良いマンションでは，等価交換方式のほうが手続きを早く進めることが可能となることです。

円滑化法では，建替組合の設立も権利変換計画も都道府県知事等の認可が必要ですから，手続きには一定の時間がかかります。そのため，順調に手続きを進めても，建替え決議から着工までには1年前後の時間が必要となります。

これに対して，等価交換事業は任意の手続きですから，建替え決議後すぐに住戸の選定を行うとともに，建築確認を取得することができれば契約は可能ですし，契約後に住戸を早期に明け渡してもらえば，建替え決議から着工までを大幅に短縮することも可能です（旭化成不動産レジデンスの行った事業では，等価交換方式によることで建替え決議から半年で着工したケースが2例あります）。

第2は，円滑化法の手続きは法律で定められているため，法律が予定していないことには対応できないことです。

一例をあげると，円滑化法の権利変換では，旧マンションの敷地利用権しか権利変換をすることができません（本書執筆時点）。たとえば，旧

3 等価交換マンション事業を有効に利用できるケースを教えてください。

マンションの敷地利用権が借地権であったマンションは，新マンションの敷地利用権も借地権とする権利変換しかできません。

ところで，借地権マンションの建替えに際しては，地主の協力を得て，新マンションは敷地利用権を所有権化するケースが多くみられます。

しかしながら，地主の協力があったとしても，円滑化法では借地権マンションを所有権マンションに権利変換をすることができないため，このようなときには等価交換方式を使わざるをえないことがあります。

なお，規模が大きくなくて区分所有者も全員が建替えに協力的なときであっても，等価交換方式ではなく円滑化法の手続きで進めたほうが円滑にマンションの建替えができることもあります。

いずれにしても，建替えを進めるに際してどの手法を採用するかの選択は，マンションの状況を十分に鑑みて考えることが必要でしょう。

Q❷-9
規模も大きくなく，区分所有者全員が建替えに協力的なマンションにおいて，等価交換方式ではなく円滑化法で進めるほうが円滑に建替えを進めることができることもあるということですが，具体的にはどのような場面でしょうか？

A 等価交換方式でマンションを建て替えるときは，全員（建替え決議を経たときは，建替え参加者全員）との契約が終了することが不可欠となります。すなわち，1人でも契約に応じない区分所有者がいると手続きを進めることができなくなります。

具体的には，他の区分所有者よりも有利な条件でないと契約に応じない人物（建替えには賛成であるものの，評価面で納得せず，価格交渉をするケース等）がいる場合が，その典型です。

❷ 等価交換方式によるマンション建替えについて教えてください。

　そのほか，建替え決議後，契約前に区分所有者が逝去する場合でも問題が生じることがあります。

　もちろん，相続人も建替えに賛成であればよいのですが，相続人は建替えに反対であるときは契約に応じてもらえない可能性もありますし，相続人が遺産分割をめぐってもめているようなときには，契約の締結までに相当な時間が必要となる可能性もあります。

　特に関係者が増えると，こうしたリスクがあることを織り込んだうえで建替えに向けた合意形成を図るべきでしょう。

❸ 定期借地権を使った等価交換マンション事業について教えてください

Q❸-1 定期借地権マンションの計画により等価交換マンション事業を進めることができると聞いたことがあります。この点について教えていただけますか。

A 借地借家法22条の定期借地権を設定して定期借地権マンション事業を進める際に、定期借地権設定時に借地人であるデベロッパーから収受した一時金で土地所有者が定期借地権マンションを購入するケースがあります。

敷地利用権が所有権か定期借地権かの違いはありますが、土地所有者が土地上のマンションを再取得する形態は、「定期借地権を利用した等価交換マンション事業」と呼んで差し支えないものと思われます。

Q❸-2 定期借地権を設定するときの一時金で定期借地権マンションを取得するということでしたが、定期借地権設定時の一時金について教えてください。

A 「定期借地権を設定するときに、法律上で一時金を設定しなさい」という決まりがあるわけではないのですが、一般的には、一時金を収受することが多くなっています。

また、この際の一時金も表3-3のような種類があります。

❸ 定期借地権を使った等価交換マンション事業について教えてください。

表 3-3

一時金の類型	概　要
敷　金	借地期間中の債務を担保するために借地人から土地所有者に預託する金銭。期間満了時に借地人に債務がないときは返却する。
保証金	同上。
権利金	定期借地権設定の対価等として借地権設定時に借地人から土地所有者に支払う金銭。地主の所得となる。
前払い地代	定期借地権設定時に，地代の前払いとして支払う金銭。一定の要件を満たしたときは，契約書で定めた期間にわたり均等に地代として償却する。

　なお，定期借地権を設定するときは，表3-3のいずれの一時金を選択しても問題ありませんし，たとえば「権利金と保証金」，「保証金と前払い地代」等のように一時金を組み合わせて設定することも可能です。

Q❸-3 一時金の種類もいくつかあり，どれを設定してもよいし，組み合わせてもよいということは，定期借地権を設定する側とすれば迷うところですが，具体的にはどのように判断すればよいのでしょうか？

A 基本的には，それぞれの一時金の特色をよく理解されたうえで，土地所有者と借地人のそれぞれが合意できるものを選択することになるでしょう。

Q❸-4 それでは，順番におたずねします。まず，そもそも敷金と保証金の違いはなんでしょうか？

3 等価交換マンション事業を有効に利用できるケースを教えてください。

A 明確な違いはありませんが，敷金は月額地代の1年分からせいぜい2年分くらいまでの範囲で，かつ契約書において敷金と定めたものとなるでしょう。

なお，敷金については，「月額地代の○月分として金○○万円を預託する」旨を記載することが多いので，地代が改定されたときは改めて敷金の積増しをするように規定することも少なくありません。

Q3-5 わかりました。いずれにしても，敷金の場合は比較的少額のことが多いと思われるので，単独で敷金のみを設定する事例はあまりないのでしょうね。

A よほど地価が安い場所で定期借地権を設定するときを除けば，権利金や前払い地代を併用するケースが多いと思われます。

Q3-6 定期借地権では保証金を授受することが多いと聞いていますが，保証金についてもう少し細かく教えてください。

A 表3-3で説明したとおり，保証金も，借地人が借地期間中の債務を担保するために地主に預託する金銭ですが，一般的には敷金の額よりも大きな金額となります。

地主の側は，借地期間中，預託を受けた保証金を運用することで，運用益により地代収入を補完することになります。

たとえば，収受した保証金で定期借地上のマンションを再取得して第三者に賃貸すれば，家賃収入を得ることができますし，保証金を他の安定した事業に投下することも考えられます。

❸ 定期借地権を使った等価交換マンション事業について教えてください。

もっとも，借地期間の満了時には返却しなければいけないので，確実に収益を得ることができる事業に充当する必要があります。

Q❸-7 保証金は預託金ですから，預託を受けたときも所得税等の対象にはなりませんよね？

A はい。ただし，保証金を預貯金や事業で運用すればよいのですが，自己使用したとき（たとえば，保証金で自宅を建築する，あるいは保証金で自家用車を取得したようなとき）には，その自己使用した保証金に一定の率をかけたものが不動産所得として認識されることになるので注意が必要です。

Q❸-8 権利金を収受したときは所得になりますか？

A 個人の場合は，地価の1/2以下の権利金を収受したときは不動産所得になりますが，地価の1/2を超える権利金を収受したときは譲渡所得となります。

譲渡所得は分離課税であるため，他の所得の高低にかかわらず，権利金を収受した年の1月1日現在で所有期間が5年を超えていれば，税率は住民税を含めて20％です（本書執筆時点の税率です）。

なお，譲渡所得扱いになると，買換え特例等の適用を受けることができるので，土地が既成市街地等内（❹のQ❸-2（111ページ）参照）にあるときは，立体買換えの特例の適用を受けることも可能です。

一方で不動産所得となる場合は，他の所得と合算して税金の計算をすることになりますので，まとまった額の権利金であるときは，かなりの税負担が生じるケースもあります。

3 等価交換マンション事業を有効に利用できるケースを教えてください。

なお，土地所有者が法人の場合は，法人税の対象となります。

Q❸-9　前払い地代について教えてください。

A　地代の前払いとして支払う金銭です。なお，「一定の要件」を満たすと，支払った前払い地代を契約書で約定した期間にわたり均等に毎年の地代として申告することが可能となります。

たとえば，50年分の前払い地代として1億円を支払ったときは，年200万円（＝1億円÷600月×12）が毎年の不動産所得として認識されることになります。そのため，この金額を他の所得と合算して各年の所得税を計算することになります。

このように，収受した年に一度に課税されるわけではありませんが，毎年一定の額が不動産所得として認識されることを考えると，前払い地代を安定して収益が確保できる手段で運用することが必要となるでしょう。

この場合の活用方法については，具体的には前払い地代で定期借地上のマンションを購入する手法などを挙げることができます。

Q❸-10　「一定の要件」とは，どのようなものですか？

A　借地権設定時に支払いをすることや，契約書で前払い地代として償却する期間を規定していること，毎月支払う地代と前払い地代の月額相当分を併記するとともに，その合計額を契約書に記載すること等です。

詳細は，前掲の大木祐悟著『定期借地権活用のすすめ』（プログレス刊）をご参照ください。

❸ 定期借地権を使った等価交換マンション事業について教えてください。

Q❸-11 保証金，権利金，前払い地代，それぞれの場合で定期借地上のマンションを購入することで，結果として定期借地権を利用した等価交換マンション事業を進めることができることは理解できました。ところで，この場合の保証金，権利金あるいは前払い地代の額は，どのようにして算定をすればよいのでしょうか？

A まず，基本的には，一時金の類型と同じように，一時金の額についても一定のルールがあるわけではありません。

しかしながら，土地所有者の立場からすれば，一時金は高ければ高いほどよいわけですが，借りる側からすれば安いほうがよいでしょう。

その意味では，定期借地権マンションを分譲するために定期借地権を設定するデベロッパーが市場調査等をしたうえで販売可能な金額を算定し，土地所有者と協議して一時金の額を決めることになるでしょう。

Q❸-12 一時金の考え方はおおむね理解できましたが，それでは，保証金，権利金，前払い地代のいずれを選択するかにより，一時金の額に違いが出るのでしょうか？

A 保証金は期間満了時に借地人のもとに戻ってきますが，権利金や前払い地代は基本的には払い切りとなるので，理屈のうえでは金額設定は変わるはずです。

そのため，将来的にマンション分譲で定期借地権の利用が一般化するようになると，それぞれの金額設定に差が出る可能性はありますが，本

3 等価交換マンション事業を有効に利用できるケースを教えてください。

書執筆時点では定期借地権マンションの供給戸数はそれほど多くないため，近隣の定期借地権マンションで競合するよりも，所有権マンションとの比較の中で販売価格は決まってくるものと思われます。

したがって，現状においては，いずれの場合でもほとんど変わらないと考えてよいでしょう。

Q❸-13 一時金を考えるときに，そのほかに留意すべきことはありますか？

A 定期借地権マンションを販売する際に，提携ローンの設定ができるか否かも大きな問題となるでしょう。その意味では，提携金融機関との協議も必要となります。

《多数の権利者がいるときの留意点》

　マンションの建替えのほか，多くの土地を共同化して等価交換マンション事業を進めるときには，原則として，関係者全員との契約が済まないと事業を進めることができなくなります。

　もっとも，他の者が契約をしたあとに条件闘争をされることや，相続等により問題が生ずるケースなどがあることを考えると，関係権利者の数が多い事業において，等価交換方式で手続きを進めるときは，土地の売買契約を先行する手法を採用したほうがよいでしょう。

4 等価交換マンション事業には、どのような税金がかかりますか？

❶ 土地を売却したときの税金について教えてください。

Q❶-1 これまでの説明で、等価交換マンション事業は土地をデベロッパーに売却したうえで、デベロッパーから完成したマンションを取得する事業であることが理解できました。
ところで、土地を売却すると税金がかかるという話を聞きますが、この仕組みについて教えてください。

A 土地を売却したときに、利益（「譲渡益」といいます）があるときには、譲渡益に対して所得税と住民税（以下、この2つを併せて「譲渡所得税等」といいます）が課されます。

なお、個人の場合は、譲渡所得税等は分離課税ですので、売却した人の所得の多寡に関係なく、所有期間により税率は一律となります。

Q❶-2 「分離課税」という考え方がよくわかりません。これについて教えてください。

A 個人の所得税は、総合課税と分離課税に大きく分類することができます。

たとえば勤務先からの給料（「給与所得」となります）、賃貸アパート等からの家賃収入（「不動産所得」となります）、個人が事業をして得た

❶ 土地を売却したときの税金について教えてください。

所得（「事業所得」となります）等は，それぞれの所得を合算して所得税を計算します（「総合課税」と呼ばれています）。

これに対して，不動産を売却した際の譲渡所得税等や，預金の利息等に課される利子税は，他の所得とは別に税金を計算しますので，「**分離課税**」と呼ばれています。

なお，総合課税は累進課税の構造をとっているので，所得が高くなると税率も上昇しますが，分離課税である譲渡所得税等は他の所得の多寡にかかわらず税率は一定です。ただし，譲渡所得税等は，その不動産の所有期間によって税率が異なります。

そのため，所有期間が同じであれば，所得が1億円を超えるような高額所得者であっても，平均的な所得のサラリーマンであっても，譲渡益に対する税率は同じとなります。

Q❶-3 「譲渡所得については，その不動産の所有期間によって税率が異なる」ということですが，このことについて説明してください。

A 譲渡をした年の1月1日時点で所有期間が5年を超えているか否かで，税率は以下のようになっています（要件や税率は本書執筆時点のものです）。

▷所有期間5年超の場合……税率20％（所得税15％・住民税5％）
▷上記以外………………税率39％（所得税30％・住民税9％）

なお，所有期間が5年超の場合を「**長期譲渡**」といい，5年以下を「**短期譲渡**」といいます。

たとえば，図4-1で，2020年4月1日に不動産を購入し，2025年7月1日にその不動産を売却したとすると，所有期間は5年3月ですから

4 等価交換マンション事業には、どのような税金がかかりますか？

図 4-1

```
2020/4/1      2025/1/1  2025/7/1   2026/1/1  2026/2/1
───────────────────────────────────────────────────→
  不動産の       取得後5    短期譲渡    取得後5    長期譲渡
  取得時期       年未満                年超
```

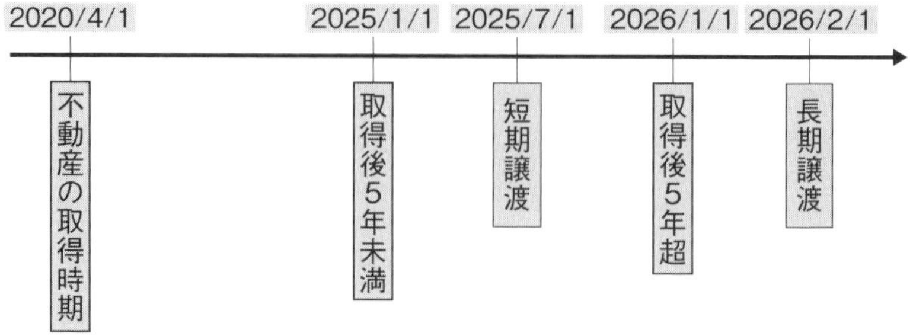

5年を超えていますが、売却した年（2025年）の1月1日現在では所有期間は5年を超えていないので、短期譲渡とみなされることに注意が必要です。

この例では、2026年1月1日以降に売却をすれば（たとえば、2026年の2月1日）、長期譲渡とみなされます。

Q❶-4 ❸のQ❶-11の回答（74ページ）で、等価交換により取得したマンションを取得後に売却するときには、マンションを取得したときから所有期間のカウントが始まるという説明がありましたが、この点について説明してください。

A 等価交換マンション事業によりマンション(注1)を取得したときは、マンションの所有期間はその時点から始まります(注2)。

そのため、取得後にマンションを売却するときは、上記のQ❶-3の所有期間は、マンションの取得時点からカウントすることになります。

なお、等価交換マンション事業に伴い、マンションの取得に際して買換え特例等の適用を受けて課税の繰延べを受けると、取得原価が低くな

❶ 土地を売却したときの税金について教えてください。

るため，取得したマンションの売却の際には譲渡益が大きくなることに注意が必要です。

逆に，買換え特例等の適用を受けていないとき（すなわち，土地の売却に際して通常の譲渡所得税等を支払ったうえでマンションを買い替えているようなとき）は，購入額がそのまま取得原価となるため，マンション取得後に大幅にマンション価格が上昇するときを除くと，この点は大きな問題になる可能性は高くないと思われます（この点については，❸のQ❶-11の回答（74ページ）もご参照ください）。

(注1) ❹では，「マンションの住戸等」と表現すべきものも「マンション」と表現させていただきます。

(注2) 部分譲渡方式の場合は，区分所有権の取得時期はマンションの取得時となりますが，敷地利用権の取得時期は事業前の土地の取得時となります。

Q❶-5 ところで，譲渡所得税等は「譲渡益」に対して課される税金ということですが，そもそも「譲渡益」とは，どのようなことを意味するのでしょうか？

A 「譲渡益」とは，原則としてその不動産を売却した金額から原価と譲渡費用を控除して求めた額です。

なお，建物の原価は，購入時の金額から減価償却費を控除した金額となりますが，土地は購入したときの金額です。そのほか，不動産を取得したときに要した費用なども原価に含まれます。

また，譲渡費用とは，売却に際して不動産業者に支払った仲介手数料や契約書に貼付する印紙税等が相当します。

譲渡益 ＝ 売却金額 － 原　価 － 譲渡に要した費用

4 等価交換マンション事業には，どのような税金がかかりますか？

Q❶-6 原価とは，購入したときの金額と考えればよいのでしょうか？

A 土地については，購入したときの価格ですが，建物については，Q❶-5でも述べたように，購入した額から減価償却をした金額が原価となります。

Q❶-7 購入した金額よりも売却額が低くなる場合は，譲渡所得税等はかからないと考えてよいのでしょうか？

A はい。譲渡益がない場合は，税が課されることはありません。
ただし，土地および建物を売却するときは，先ほども申しあげたように，建物の原価は時間の経過とともに減価償却されますので，［土地の原価＋減価償却後の建物の原価］を売却額が上回っていれば，譲渡益が発生する可能性もあります。

Q❶-8 私が売却する土地は親から相続したものですので，先祖が土地を購入したときの契約書も見つかりませんし，そもそも先祖がいくらで購入したのかもわかりません。このようなときは，どうすればよいのでしょうか？

A 個人の場合は，売却額の5％を原価として計算することができます。そのため，ご質問のようなときは，売却額の95％相当の額から譲渡に要する費用を差し引いた金額に対して譲渡所得税等が課されることとなります。

❶ 土地を売却したときの税金について教えてください。

Q❶-9
私が売却する土地は，30年ほど前に私が購入したものです。購入金額は覚えていますが，土地を購入したときの契約書や領収書等はすべてなくしてしまいました。こんなときは，私の覚えている金額で税金の計算をしても大丈夫でしょうか？

A 税金の計算をするわけですから，取得原価を示すエビデンスが必要となります。

それらがないと，基本的には，Q❶-8の回答にあるように，売却金額の5％とされる可能性があります。

具体的な対応策については，税理士等の専門家に相談してください。

Q❶-10
「譲渡に要する費用」とは，どのような費用でしょうか？

A 契約書に貼付する印紙税や，不動産の売買に際して仲介をした不動産業者に払った仲介手数料等が主たるものです。

Q❶-11
等価交換マンション事業を進めるときの契約では，宅建業者であるデベロッパーと直接契約をするので，仲介手数料が発生することはないと思います。そうすると，譲渡に要する費用として控除できるのは印紙税くらいでしょうか？

A そうですね。あとは，契約等をするために交通費等がかかることを証明できるときは，それは経費として控除することができます。

4 等価交換マンション事業には，どのような税金がかかりますか？

　そのほか，何らかの費用が譲渡費用として控除できるか否かの判断は，税理士等の専門家に相談されることをお勧めします。

《不動産を売却したときの確定申告は自分でもできるか？》

　不動産を売却して，譲渡益があるときは，確定申告は不可欠です。
　ところで，この確定申告を，税理士等の専門家に依頼せずに個人で行うことは可能でしょうか。
　結論からいえば可能です。
　たとえばサラリーマンの場合でも，医療費控除などは自分で行っている人は少なくないはずです。
　不動産を売却したときは，まず，税務署から，「譲渡所得の内訳書」をもらい，その書面で計算をすると，譲渡所得の計算ができるので，それを確定申告書に転記したうえで所得の計算をすれば完了です。
　複雑なケースでなければ，対応できるのではないかと思います。

❷ 等価交換マンション事業にかかる税務上の特例には，どのようなものがありますか？

Q❷-1 等価交換マンション事業には，税務上の特例があり，譲渡所得税等がかからないと聞いたことがあるのですが，本当に税金がかからないのですか？

A 「等価交換だから譲渡所得税等がかからない」というのは正しくありません。

等価交換マンション事業を進めるときに，適用の可能性がある税務上の特例がいくつか考えられますが，居住用財産の譲渡による3,000万円控除等の場合を除く，いわゆる「買換え特例」や「交換の特例」といわれるケースでは，基本的には「譲渡所得税等の課税が繰り延べられる」仕組みとなっています。

Q❷-2 「課税が繰り延べられる」というのがよくわからないのですが……。

A たとえば，20年前に1,000万円で購入した土地をいま3,000万円で売る場合で考えてみましょう（なお，譲渡費用は0円と考えます）。

この場合は，本来は2,000万円（＝3,000万円－1,000万円）の譲渡益があることになりますので，通常の売却にともなう譲渡所得税等は400

4 等価交換マンション事業には、どのような税金がかかりますか？

図 4-2　譲渡所得と税金のイメージ

万円となります（そのほかに、復興特別所得税がかかります）。

ところで、この土地上で等価交換マンション事業を行い、評価額3,000万円相当のマンションに買い換える場合を想定しましょう。

このケースで、全額について課税の繰延べがされると、売却した土地の原価（簿価）を買換え後のマンションが引き継ぐことになります。

すなわち、1,000万円の資産から3,000万円の資産に買い換えるのではなく、原価1,000万円のものを原価1,000万円のものに買い換えることであると考えてください。

図 4-3　3,000万円のマンションを新たに取得して原価（簿価）の引継ぎをするとき

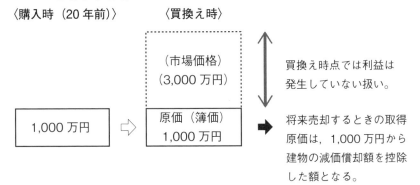

❷ 等価交換マンション事業にかかる税務上の特例には、どのようなものがありますか？

1,000万円の原価のものを1,000万円の原価のものに買い換える（交換する）わけですから，譲渡益は生じない扱いとなり，この取引においては，譲渡所得税等は課されないことになります。

以上から，この手続きは「**課税の繰延べ**」と呼ばれます。

Q❷-3 買換え特例等を利用すると課税の繰延べになるという仕組みはわかりました。
要は，等価交換をした時点では譲渡所得税等が課されることはないが，交換取得したマンションを将来売却するときには，結果として繰延べ分も含めて譲渡所得税等が課せられることになるということですね。

A そのとおりです。もっとも，引き継がれた原価は再建後のマンションの区分所有権（建物）と敷地利用権（土地）に分けられますが，このなかの区分所有権に割り振られた原価については，取得時点から売却時点までの減価償却費に相当する額が控除された残額となります。

たとえば，前頁設例の市場価格3,000万円のマンションで，区分所有権の評価が1,800万円で敷地利用権の評価が1,200万円とした場合は，買換えにより引き継がれる原価は次のようになります。

・区分所有権：600万円（1,000万円 × 1,800万円 ÷ 3,000万円）
・敷地利用権：400万円（1,000万円 × 1,200万円 ÷ 3,000万円）

なお，このマンションを将来売却するときの取得原価は，土地の原価と建物の減価償却額を控除した後の評価となりますので，将来の売却の際には譲渡所得税等が課されることとなります。

前述の例のように，マンションのうち区分所有権の評価がマンション全体の3/5の場合は，600万円から減価償却分を控除したものが売却時

4 等価交換マンション事業には，どのような税金がかかりますか？

の区分所有権の原価となります。

Q❷-4 次に，税務上の買換え特例等にもバリエーションがあるということですが，具体的にはどのようなものがあるのですか？

A 個人の場合に通常用いられる可能性のあるものは次の3つです。
① 立体買換えの特例
② 特定事業用資産の買換え特例
③ 特定居住用資産の買換え特例

そのほか，居住用財産の3,000万円控除の特例や軽課の特例等の適用を受けるケースもあります。

Q❷-5 それぞれの違いは何でしょうか？

A 上記の①②③には，表4-1に示すような特色があります。

表4-1

	①立体買換えの特例	②特定事業用資産の買換え特例(注1)	③特定居住用資産の買換え特例
適用地域	・既成市街地等内 ・これに準ずる区域内 ・中心市街地等共同住宅供給事業の地区内	国内であればどこでもよい	
従前資産の所有期間	所有期間の制限はない	譲渡した年の1月1日現在で所有期間が10年を超えること	

❷ 等価交換マンション事業にかかる税務上の特例には、どのようなものがありますか？

従前資産とその用途	土地等や建物であれば用途の制約はない	土地等・建物・構築物で、事業用・貸付用とされていたもの	10年以上居住の用に供していたもの（譲渡価額は1億円以下）
建築場所	譲渡した土地等と同一敷地内	同一敷地でなくてもよい	
建築される建物について	地上階数3以上のもので、耐火構造もしくは準耐火構造の建物で、全体の1/2以上が住宅であるもの	階数や構造の制限はなく、用途は事業用であれば、住宅でも店舗等の非住宅でも構わない	階数や構造の制限はないが、用途は住宅であることが必要
従後資産(注2)	建物および土地等	建物および土地等（土地の面積は共有持分換算で300㎡以上であること）	建物および土地等（専有部分の床面積は50㎡以上、土地の面積は共有持分換算で500㎡以下であること）
従後資産の用途	・自己または親族の居住用 ・自己の事業用・貸付用 ・自己と生計を一にする親族の事業用		

（注1） 特定事業用資産の買換え特例にも既成市街地等内から既成市街地等外への買換え等、いくつかの種類がありますが、本書では「長期所有資産の買換え」を特定事業用資産の買換え特例といいます。

（注2） 特定事業用資産の買換え特例を土地について受けるときは敷地面積の下限があり、居住用資産の買換え特例の適用を受けるには敷地面積の上限があります。このうち、特定事業用資産の買換え特例にかかる面積の上限については Q❹-3（117ページ）と Q❹-4（118ページ）も参照してください。

Q❷-6 そのほか、買換え特例の適用を受けるときに留意すべきことはありますか？

4 等価交換マンション事業には，どのような税金がかかりますか？

A どの特例を受けるかにより，適用要件が異なりますので，表 4-1 のほかに以下で述べる事項にも留意してください。

　実際には，譲渡した年の翌年の確定申告のときに，買換え特例を受ける旨の申告が必要となりますので，要件を満たしていたとしても，この時期に申告をしておかないと，特例の適用を受けることができなくなりますので注意してください。

　また，完成したマンションを取得した後に，取得の申告が必要となることにも注意が必要です。

　その他の留意事項として，買換え特例を適用する旨の申告の後，マンションが完成するまでの間に，何らかの理由で買換えの申告を取り下げて，あらためて譲渡税を納税するようなときは，申告時点からの利子税が課されることがあります。

　こうした場合にも，早めに税理士等の専門家に相談されることをお勧めします。

❸ 立体買換えの特例とは，どのような特例ですか？

Q❸-1　立体買換えの特例について教えてください。

A　立体買換えの特例とは，既成市街地等において，個人（ここでは，「元地主」と表現します）が，3階建て以上の耐火共同住宅等（住宅部分が1/2以上あることが要件です）を建築するために土地を事業者等に売却した場合に，その事業者等が土地上に建築した耐火共同住宅等の区分所有権（敷地利用権付き）を元地主が買い換える（再取得する）ときに適用することができる特例です。

　なお，売却する土地については特に用途上の制限はありませんが，買い換えるマンションについては，自己もしくは親族の居住用，自己の事業用か貸付用，自己と生計を一にする親族の事業用のいずれかに供する必要があることにも注意が必要です。

Q❸-2　立体買換えの特例は，全国どこでも受けることができる特例ではないのですね。

A　はい。この特例が適用される対象地域は**表4-1**に示す地域に限られます。

　なお，このうち，既成市街地等と，それに準じる地域は**表4-2**に示すとおりです。

4 等価交換マンション事業には，どのような税金がかかりますか？

表4-2 三大都市圏内の特定市

(令和6年1月1日現在)

地域	都府県	市　区
首都圏	東京都	特別区，八王子市，立川市，武蔵野市，三鷹市，青梅市，府中市，昭島市，調布市，町田市，小金井市，小平市，日野市，東村山市，国分寺市，国立市，西東京市，福生市，狛江市，東大和市，清瀬市，東久留米市，武蔵村山市，多摩市，稲城市，羽村市
	神奈川県	横浜市，川崎市，横須賀市，平塚市，鎌倉市，藤沢市，茅ケ崎市，逗子市，相模原市，厚木市，大和市，海老名市，座間市，綾瀬市
	埼玉県	川口市，さいたま市，所沢市，岩槻市，春日部市，上尾市，草加市，越谷市，戸田市，鳩ケ谷市，朝霞市，志木市，和光市，新座市，八潮市，富士見市，三郷市
	千葉県	千葉市，市川市，船橋市，松戸市，野田市，佐倉市，習志野市，柏市，流山市，八千代市，我孫子市，鎌ヶ谷市，浦安市，四街道市
近畿圏	京都府	京都市，宇治市，向日市，長岡京市，八幡市
	大阪府	大阪市，堺市，岸和田市，豊中市，池田市，吹田市，泉大津市，高槻市，貝塚市，守口市，枚方市，茨木市，八尾市，泉佐野市，富田林市，寝屋川市，河内長野市，松原市，大東市，和泉市，箕面市，柏原市，羽曳野市，門真市，摂津市，高石市，藤井寺市，東大阪市，四条畷市，交野市，大阪狭山市
	兵庫県	神戸市，尼崎市，西宮市，芦屋市，伊丹市，宝塚市，川西市
中部圏	愛知県	名古屋市，春日井市，小牧市，尾張旭市，豊明市

Q❸-3 土地を購入した相手方が土地上に建てた耐火共同住宅等を元の土地所有者が再取得する場合でないと適用ができないということですが，たとえば，土地を購入した不動産会社（A社）がその土地をB社に売却して，B社がその土地上にマンションを建てたと

❸ 立体買換えの特例とは，どのような特例ですか？

きに，元の土地所有者がそのマンションをB社から再取得するときは，立体買換えの特例は適用できないのでしょうか？

A　土地を購入した者（この場合はA社）が建てたマンション等を再取得する場合以外は，立体買換えの特例の適用を受けることはできません。

そのため，ご質問のケースは，立体買換えの特例の適用対象にはなりません。

Q❸-4　取得後の用途ですが，書斎やセカンドハウスとして使うことはできないのでしょうか？

A　前述のように，自己もしくは親族の居住用，自己の事業用か貸付用，自己と生計を一にする親族の事業用のいずれかとなっており，書斎やセカンドハウスはいずれにも該当しませんので，立体買換えの特例の適用対象外となります。

Q❸-5　土地は父が所有していて，再取得するマンションは父が自宅として利用する予定だったのですが，マンションの建築中に父が逝去してしまい，私がマンションを取得する権利について相続しました。
ところで，私はすでに居住用のマンションを持っているので，取得後のマンションは仕事部屋で使おうと思っているのですが，このようなときはどうなるのでしょうか？

4 等価交換マンション事業には，どのような税金がかかりますか？

A **4**の**Q2**-6（109～110ページ）でも述べたように，マンションの取得後には税務署への申告が必要です。

このときに，当該マンションが定められた用途に利用されていないと，立体買換えの特例の申告そのものが否認され，通常の税金に加えて利子税等が課されることになるのでご注意ください。

なお，具体的な対応については税理士等の専門家と相談されることをお勧めします。

Q3-6 個人ではなく法人が所有している土地で，立体買換えの特例の適用を受けることはできないのですか？

A 現行の制度では，法人に適用される立体買換えの特例はありません。

Q3-7 私の知人が経営する法人が立体買換えの特例の適用を受けて等価交換マンション事業をした事例があります。法人は立体買換えの特例が適用できないということですが，どうなっているのでしょうか？

A 以前は，法人についても立体買換えの特例の適用を受けることができたときがありましたが，その後の税制改正で，個人の立体買換えの特例はそのまま継続されたのですが，法人については特例の延長を受けることができず，今日に至っています。

ご友人のケースは，この特例があった時期に事業を行ったものと思われます。

❸ 立体買換えの特例とは，どのような特例ですか？

Q❸-8

現在，あるデベロッパーから等価交換マンション事業の提案を受けています。

この提案によると，等価交換マンション事業を前提とした私の土地（特例の適用対象地内に位置します。なお，先祖伝来の土地なので原価はわかりません）の評価は5億円ということです。実は現時点で私は金融機関から借入金が1億円ありますので，その返済の原資が必要なほか，別に5,000万円ほど資金を使う予定があるので，1億5,000万円は交換差金で受け取り，残った部分を等価交換に充当したいと考えています。

等価交換に際しては課税の繰延べを利用する予定ですが，この場合の課税関係はどうなるのでしょうか？

A 借入金の返済等で必要とする1億5,000万円を交換差金として現金で受け取り，残りを等価交換に充当して課税の繰延べを受けるときは，交換差金に対して通常の譲渡所得税等が課されます。

ちなみに，このケース（取得原価は売却額の5％とします）では，2,850万円（＝1億5,000万円×（1－0.05）×0.2）の譲渡所得税等が発生しますが，1億5,000万円の資金はどうしても必要だとすれば，税引き後で1億5,000万円が残るような形で交換差金を受けることが必要となるでしょう。

逆算すると，1億8,519万円の交換差金を交付すると，税引き後でおおむね1億5,000万円の差金を残すことができますので，等価交換に投下できる上限は約3億1,500万円弱となります(注)。

なお，❸のQ❶-14（76〜77ページ）も参照してください。

115

4 等価交換マンション事業には、どのような税金がかかりますか？

（注） 税引き後の手取り額を厳密に考えると、復興特別所得税（基準所得税額×2.1％）を含めた計算をすべきですが、ここではこの点は考慮に入れていません。

❹ 特定事業用資産の買換え特例について教えてください。

Q❹-1 特定事業用資産の買換え特例には，立体買換えの特例のように適用地域についての制限はないのですね。

A ありません。国内であれば，どこでも特例の適用を受けることができます。

Q❹-2 売却する土地は事業用や貸付用ということですから，たとえば駐車場で使っていた土地でも対象となるのですね。

A はい。土地所有者がその土地で商売をしているとき以外に，その土地上で賃貸住宅を経営しているときや，駐車場経営をしているときも「貸付用」として利用していることになりますので，特例の対象となります。

なお，事業が継続して行われていないとき，あるいは貸付により相当の利益を得ていないときは，特例の適用を否認されることもあるので注意してください。

Q❹-3 取得後の資産の要件についてですが，土地の面積が「300㎡以上」となっていますが，たとえば等価交換

4 等価交換マンション事業には，どのような税金がかかりますか？

> マンション事業の場合には，マンションの敷地面積が300㎡以上であれば適用を受けることができるのでしょうか？

A　要件となるのは，マンションの敷地全体の面積ではありません。
「取得後の土地の共有持ち分が300㎡以上」とは，その区分所有権にかかる土地の共有持ち分ベースで考えることになります。
　具体的には，次の計算式で求めた面積で考える必要があります。

$$\begin{pmatrix} 等価交換マンションの \\ 敷地面積 \end{pmatrix} \times \begin{pmatrix} 当事者の土地の \\ 共有持ち分 \end{pmatrix}$$
$$\geqq 300㎡（かつ従前の土地面積の5倍以内）$$

Q4-4　そうなると，仮に従前の土地が事業用地であったとしても，等価交換マンション事業を進めるときに，事業用資産の買換え特例の適用を受けるためのハードルはかなり高くなりそうですね。

A　はい。たとえば，従前の土地面積が1,000㎡あるときで，デベロッパーと土地所有者の等価交換比率が7：3であれば，1,000㎡×0.3＝300㎡となるので，特例の適用を受けることが可能となります。
　ただし，現実には，敷地利用権が専有面積で按分されるとすると，再建後で取得する区分所有権の位置によっては土地の持ち分が変わるため，同じ条件でも300㎡の適用要件を満たさないことがあるので注意してください。

❹ 特定事業用資産の買換え特例について教えてください。

Q4-5 土地について買換え特例を受けることができないときであっても，建物については買換え特例を受けることはできるという話を聞いたことがありますが，いかがでしょうか？

A はい。事業用の建物については買換え特例の適用が可能です。
なお，現行の制度では，個人が立体買換えの特例を受けるときで，従後資産の評価が従前資産の評価以上となるときは課税の繰延べが100％可能となりますが，事業用資産の買換え特例については，買換えにより課税の繰延べができる範囲は従前資産評価の80％であることにも注意が必要です。

Q4-6 建物については可能ということですが，たとえば譲渡した資産が5,000万円で，買換え資産も5,000万円（建物が3,000万円，土地が2,000万円とします。なお，譲渡した資産の原価は1,000万円とします）の場合で，建物のみが課税の繰延べを受けるときの税金はどうなるのでしょうか？

A 土地についての課税の繰延べができませんので，通常の課税がされます。

建物についても課税の繰延べの対象は80％であるため，建物価格の20％分も課税の対象となります。

この点も含めて示すと，図4-4のようになります。なお，括弧内の数字は，原価相当額を示します。

以上から，このケースでは，416万円の課税（＝（2,600万円－520万円）

4 等価交換マンション事業には、どのような税金がかかりますか？

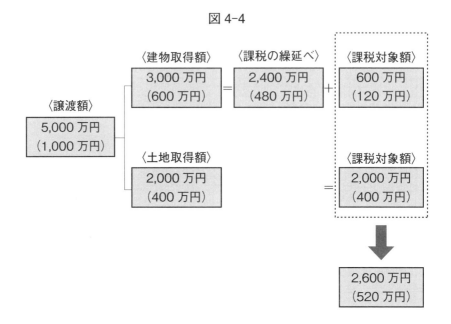

図 4-4

×0.2) が発生することになります（現実には、これ以外に復興特別所得税が課されます）。

Q4-7 等価交換マンション事業を全部譲渡方式ではなく部分譲渡方式（これらの内容については2のQ1-8〜-10（33〜39ページ）を参照）で行うときは、土地の譲渡はなく、売却した土地は建物に変わるだけですから、従前が事業用資産であるときは特定事業用資産の買換え特例を利用しても大きな不利益はないように思いますが、いかがですか？

A ご質問については、ご指摘のとおりです。
全部譲渡方式は、等価交換マンション事業の対象地を一度デベロ

❹ 特定事業用資産の買換え特例について教えてください。

ッパーに売却したうえで，完成後のマンションをデベロッパーから購入する事業形態ですから，敷地利用権について買換えが困難であることが少なくないことは既述のとおりですが，部分譲渡方式であれば，再建後のマンションの敷地利用権は留保していた土地の持ち分を充てることになるので，課税対象となる譲渡がなく，区分所有権のみを買い換える形となるので，立体買換えの特例を利用することができないときでも，有利な条件で等価交換マンション事業を進めることは可能です。

ただし，**2**でも述べたように，部分譲渡方式には留意点もありますし，そもそも等価交換事業の相手方であるデベロッパーが部分譲渡方式での事業に応じない可能性があることに注意が必要です。

Q4-8 ところで，これまでの説明は土地所有者が個人である場合を前提にしたものですが，法人が所有している場合にも，同じような特例を受けることができるのでしょうか？

A 法人の場合は，買換え前の簿価を買換え後の資産にも適用することを「**圧縮記帳**」といいますが，前述の選択肢の中では，特定事業用資産の買換え特例のみが適用可能です。

Q4-9 これまでは課税の特例を使う前提で等価交換マンション事業について考えていましたが，以前に「課税の繰延べは，必ずしも有利な制度であるとは限らない」という話を聞いたことがあります。その理由について教えていただけますか？

4 等価交換マンション事業には、どのような税金がかかりますか？

A　4のQ2-2の説明でもご理解いただけると思いますが、課税の繰延べの制度を使うと、売却した土地の原価を等価交換したマンションが引き継ぐことになります。

これまでも述べてきたように、土地売却時に譲渡所得税等の課税がないことがこの手法を利用する際の最大のメリットですが、一方で主として次のような留意点があります。

① 等価交換で取得したマンションを次に売却するときには譲渡所得税等が発生する可能性が高いこと

② 等価交換マンション事業で取得してから比較的短期間にマンションを売却するようなことになると、税率も高くなること（4のQ4-11も参照してください）

③ 等価交換で取得したマンションを第三者に賃貸するときには、必要経費で控除の対象となる減価償却の額が少なくなること（結果として所得税が多くなること）

そのため、以上のいずれかが課題となるケースでは、交換の特例の適用を受けるときと、適用を受けずに通常の譲渡所得税等を支払ったうえでマンションを取得する場合のいずれが有利であるかを検討したうえで判断することが必要なこともあります。

Q4-10 上記①の「等価交換マンション事業で取得したマンションを次に売却するときには譲渡所得税等が発生する」ということについて、もう少し詳しく説明してください。

次のようなケース・スタディで考えてみましょう。

《例》時価が5,000万円（原価は1,000万円）の土地を売却して、

❹ 特定事業用資産の買換え特例について教えてください。

図 4-5

　土地上に建築された5,000万円のマンション（土地の共有持ち分価格2,000万円，建物価格3,000万円）に買い換えたとき

この場合，等価交換で取得したマンションの原価は図4-5のようになります。

このマンションは，市場価値は5,000万円ですが，取得時点における原価は1,000万円（敷地利用権の簿価400万円，区分所有権の簿価600万円）となります。

また，等価交換で取得したマンションを将来売却することになったときの譲渡所得の計算も，売却額から原価を引いた額となることになります。この場合の原価は，土地は取得したときの額（設例の場合は400万円）ですが，建物は取得したときの600万円から減価償却をした額となります。

Q❹-11

前記②の「等価交換で取得してから比較的短期間にマンションを売却するようなことになると，譲渡所得税率も高くなる可能性がある」とは，どういうことでしょうか？

4 等価交換マンション事業には，どのような税金がかかりますか？

A 買換え特例により課税の繰延べを受けたときは，これまでも説明しているように，原価は取得したマンションに引き継がれますが，そのマンションの取得時期は等価交換したマンションの完成後に引渡しを受けたときとなります。

ところで，**4**の**Q①**-3（99〜100ページ）の「長期譲渡」と「短期譲渡」の違いを思い出してください。

不動産を売却した年の1月1日現在で所有期間が5年を超えていれば長期譲渡ですが，そうでないときは短期譲渡となります。**4**の**Q①**-3の説明の際に使った図を簡略化したもので，もう一度見てみましょう。

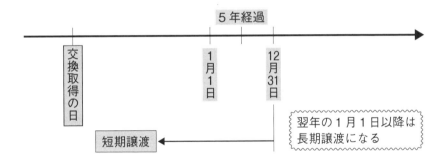

したがって，マンションを取得してから比較的短期間（売却した年の1月1日現在で5年以下）でマンションを売却することになると，譲渡所得税等の税率は39％となることに注意が必要です。

Q4-*12* 前記③の「等価交換で取得したマンションを第三者に賃貸するときには，必要経費で控除できるが，減価償却の対象額が少なくなる」ことについて教えてください。

❹ 特定事業用資産の買換え特例について教えてください。

図4-6

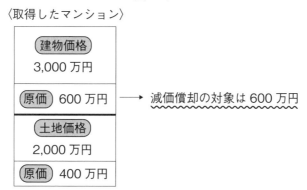

A　賃貸住宅経営事業では，家賃収入から必要経費を控除して「所得」を算出し，その所得を他の所得と合算して所得税を算出します。

ところで，ここで控除できる必要経費は「賃貸住宅とその土地にかかる公租公課」や「火災保険料」のほか，「減価償却費」や，借入金があるときはその「金利」などとなりますが，課税の繰延べを受けるときは減価償却の対象となる資産の原価が低くなることがその原因です。

たとえばQ❹-10（122〜123ページ）の設例では，普通にこのマンションを購入したときは建物価額である3,000万円が減価償却の対象額ですが，図4-6のように買換えにより従前の原価が簿価となることにより，減価償却の対象となるのは，原価である600万円にすぎなくなります。

Q❹-13 上の説明から考えると，課税の繰延べの仕組みを使うメリットを薄く感じてしまうのですが，どうなのでしょうか？

4 等価交換マンション事業には，どのような税金がかかりますか？

A 何らかの事情で，現時点で譲渡所得税等の支払いを避けたい場合には，課税の繰延べを受けるメリットはあると思います。

特に評価が高く，一時に莫大な譲渡益が発生するような場合などは，このケースに挙げることができるでしょう。

そのほか，等価交換後のマンションを自己の居住用とするケースでは，課税の繰延べを受けてもデメリットは少ないと思います。

Q4-14 そもそも論ですが，課税の繰延べを受けないとすれば，等価交換マンション事業によるメリットはあるのでしょうか？

A 課税の繰延べを選択するか否かにかかわらず，等価交換マンション事業には次のようなメリットがあります。

① 借入れをしないで土地を活用することができる。
② 土地所有者は，交換取得するマンションを「販売価格」よりも低い金額で取得することができることが多い。
③ 建物の共用部分等は「賃貸仕様」ではなく「分譲仕様」でつくられるため高級感を演出できる。
④ 土地の一部の権利を残すことができる（土地との縁を続けることができる）。
⑤ 土地を細分化せずに有効活用ができる。

Q4-15 確かに借金なしで土地を高度利用できるメリットは大きいですね。

❹ 特定事業用資産の買換え特例について教えてください。

A 前にも述べましたが，高度利用が可能な場所にまとまった広さの土地があるときに，土地を最有効利用しようとすると事業費も大きくなるので，それを借入金で賄うと土地所有者のリスクも大きくなります。

一方で，買換えにより別の不動産を取得する手法も考えられますが，条件のよい買換え物件が出てくる保障はありません。

その意味では，事業を行う土地が魅力的な立地であるほど，等価交換マンション事業によるメリットは大きくなるといえるでしょう。

Q❹-16 土地を細分化しないで活用できることが，それほど大きなメリットなのでしょうか？

A 少なくとも高度利用ができる立地については，土地面積が一定以上なければ有効な建築ができないことも少なくありません。

実際に，等価交換マンション事業をするときに，隣接地を含めて計画を立てている事例があることからも，あえて細分化を避けるという考え方は重要なのではないかと思われます。

この点については❸のQ❶-7（70～73ページ）やQ❶-8（73ページ）も参照してください。

《優良地に買い換えることは簡単ではないのか？》

　そもそも優良地の所有者は，よほどの事情がない限り土地を手放しません。そのため，優良地が市場に出ると，不動産の市況が悪いとき以外は，すぐに売れてしまいます。

　特に，昨今のように，低金利下で，投資対象が限られているような時期は，その傾向がより強くなります。

　以上の理由から，買換え等により優良地を手に入れることは容易ではないことがご理解いただけるのではないでしょうか。

❺ 従前が居住用資産のときに使える特例について教えてください。

Q5-1 等価交換マンション事業に供する土地は，居住用財産（土地所有者本人の居宅とその土地）ですので，課税の繰延べではなく，3,000万円控除の特例と軽減税率を使って必要な納税をしたうえで，マンションを購入する予定ですが，いかがでしょうか？

A 従前が居住用資産であれば，3,000万円控除の特例の適用は可能です(注)し，その年の1月1日時点で所有期間が10年を超えていれば，軽減税率の適用も可能です。

そのため，これらの特例を使って必要な場合は納税をしたうえで土地上に建てられたマンションを購入するという手法は有効な選択肢のひとつだと思います。

もっとも，軽減税率の適用を受けることができるのは，3,000万円控除をしたあとの譲渡益の中で6,000万円相当分までですので，売却金額が高額になると相対的なメリットは薄れてしまいます。

また，人によっては，売却をした翌年は住民税の均等割が課税されることがあるほか，介護保険料や国民健康保険料等が上がることもあります。

取得原価が売却額の5％で，譲渡費用がないときに居住用財産の3,000万円控除の特例と軽減税率の特例を使った場合の納税額は**表4-3**のようになります（なお，復興特別所得税は考慮に入れていません）。

4 等価交換マンション事業には，どのような税金がかかりますか？

表 4-3
(単位：万円)

売却額 (a)	5,000	10,000	15,000	20,000	25,000
譲渡税 (b)	245	940	1,890	2,840	3,790
(a)／(b)	4.9%	9.4%	12.6%	14.2%	15.16%

（注） 以前に3,000万円控除の特例の適用を受けたことがあるときは，そのときから3年が経過するまでは，この特例を受けることはできません。また，3,000万円控除の特例の適用を受けて新しい自宅を購入するときは，追加資金を借入れでまかなったとしても，住宅借入金等特例の控除の特例適用は受けることができません。

Q5-2 従前が居住用資産である土地で等価交換マンション事業を進めるときに，買換え特例ではなく3,000万円控除の特例を受けた場合のメリットとデメリットを教えてください。

細かなことを挙げるとキリがありませんが，表4-4のように分類してみました。

表 4-4　3,000万円控除の特例を適用するときのメリット・デメリット

メリット	デメリット
○譲渡益が3,000万円以下であれば，結果として譲渡所得税等が課されることはない。 ○買換え特例と違い，原価の引継ぎがない（マンションの取得額が原価である）。 ○マンションを購入する以外のために売却代金を使っても特段の問題はない。 ○税務署への申告は売却したときのみで済む。 ○その他	○譲渡益が大きくなると，譲渡所得税の額も多くなる。 ○譲渡益が3,000万円以下のときは，結果として譲渡所得税等は発生しないが，翌年の国民健康保険料や介護保険料等が高くなることがある。 ○その他

❺ 従前が居住用資産のときに使える特例について教えてください。

Q❺-3　結局，どの特例を使うべきかについては，ケースバイケースでの判断が必要となるのですね。

A　そうなります。具体的には，こうした問題に精通した税理士等の専門家に相談をしてください。

《コンサルタントの必要性》

　本書の中でも，契約や法律にかかる問題の中で細かなことや解釈が難しいことは，弁護士等の専門家に相談することを勧めていますし，税務については税理士等の専門家に相談することを勧めています。
　ところで，実務において難しいことは，「何を質問すべきかがわからない」ことですし，「誰に相談をしたらよいかがわからない」ことでもあります。
　その意味では，土地活用につき包括的に相談できるコンサルタントの介在が望まれます。
　具体的には，不動産実務や法務・税務などについて，幅広い知見を有している者，あるいは団体等がコンサルタントとして想定されます。
　なお，デベロッパーやハウスメーカー等と事業について直接やりとりをするときは，その事業者の専門性をうまく利用することも，ひとつの考え方でしょう。

❻ 等価交換マンション事業には，そのほかにどんな税金がかかりますか？

Q❻-1 等価交換マンション事業で，税金面で留意すべき点はそのほかにありますか？

A 等価交換マンション事業では，一般的に次のような税金が考えられます。
① デベロッパーとの契約書に貼付する印紙税
② マンションの所有権保存登記に要する登録免許税
③ マンションを取得したときの不動産取得税
④ マンションの取得後に発生する固定資産税と都市計画税

Q❻-2 印紙税は，いくらくらいかかるのでしょうか？

A 契約金額によって異なります。
1,000万円以上の場合の印紙税について，本則課税と令和9年3月31日までの特例は**表4-5**の通りです（なお，軽減税率は，その後も税制改正次第で据え置かれることもありますし，改正される可能性もありますので注意してください）。

❻ 等価交換マンション事業には，そのほかにどんな税金がかかりますか？

表4-5　印紙税の税率　　（令和6年7月1日現在）

売買契約額	本　　則	令和9年3月31日までの特例
1,000万円超5,000万円	2万円	1万円
5,000万円超1億円	6万円	3万円
1億円超5億円	10万円	6万円
5億円超10億円	20万円	16万円
10億円超50億円	40万円	32万円
50億円超	60万円	48万円

Q❻-3　登録免許税とは，どのような税金ですか？

建物の保存登記や，土地や建物の所有権移転登記，相続や贈与等で登記を変更するときに納税する税金です。

納税は，登記申請の際に法務局で印紙を購入して登記申請書にその印紙を貼付することで支払います。登記を依頼する司法書士へ支払って納付してもらうことが多いと思います。

Q❻-4　登録免許税は，どのようにして計算をするのでしょうか？

A　土地と建物の税率は表4-6のとおりです。

なお，建物については，ケースにより特例があるほか，時限措置で軽減措置が延びることもありますので，具体的な計画の際には，最新の情報をチェックするようにしてください。

4 等価交換マンション事業には，どのような税金がかかりますか？

表 4-6　登録免許税の税率 (令和 6 年 7 月 1 日現在)

項　目		課税標準	税　率	軽減税率
土地	売買による移転	不動産の価格	20/1,000	令和 8 年 3 月 31 日までの間に登記を受けるときは 15/1,000
	相続による移転	同　上	4/1,000	―
建物	所有権保存	不動産の価格	4/1,000	個人が住宅用家屋を新築または取得し，自己の居住に供した場合は軽減税率が適用される。
	所有権移転	同　上	20/1,000	同　上

〈住宅に係る軽減税率〉

① 個人が令和 9 年 3 月 31 日までに住宅用家屋を新築または建築後使用されたことがない住宅を取得し自己の居住の用に供した場合の保存登記……1.5/1,000

② 個人が令和 9 年 3 月 31 日までに住宅用家屋を購入もしくは競落し，自己の居住の用に供した場合の所有権移転登記……3/1,000

③ そのほか，特定認定長期優良住宅の所有権保存登記や，認定低炭素住宅の所有権保存登記等についても，令和 9 年 3 月 31 日までに取得し，自己の居住の用に供したときの税率は 1/1,000 となります。

(注) 令和 4 年の税制改正大綱では，これらの軽減措置は 2 年間延長される旨が示されています。

Q6-5　課税標準である「不動産の価格」とは，何ですか？

A　固定資産税評価額となります。

❻ 等価交換マンション事業には，そのほかにどんな税金がかかりますか？

Q6-6　不動産取得税とは，どんな税金ですか？

A　不動産を取得したときに課せられる税金です。
　そもそもは，「不動産のような高額なものを購入することができる人は担税力がある」という発想から課されることになった税金です。

Q6-7　不動産取得税は，どのようにして計算するのでしょうか？

A　課税標準に税率を乗じて計算をします。
　なお，一定の要件を満たす不動産については，評価額から一定の金額を控除して課税標準を求めます。
　ちなみに，この場合の「評価額」も固定資産税評価額となります。
　また，この税金は登記の有無にかかわらず課税されますが，相続により取得したとき等一定の場合には課税されません。

Q6-8　不動産取得税の税率は，どうなっていますか？

A　税率は表4-7の通りです。

表4-7　不動産取得税の税率　（令和6年7月1日現在）

取　得　日	土　地	家屋（住宅）	家屋（非住宅）
令和8年3月31日まで	3/100	3/100	4/100

（注）1. 令和8年3月31日までに宅地等を取得した場合，当該土地の課税標準は価格の1/2になります。
　　　2. 土地についての課税標準が10万円未満，家屋については新築・増改築のときは23万円未満，売買のときは12万円未満のときは，不動産取得税

4 等価交換マンション事業には，どのような税金がかかりますか？

は課税されません。

Q6-9　不動産取得税の軽減制度について教えてください。

A 取得した新築住宅が，表4-8の床面積要件を満たすときは，住宅価格から1,200万円が控除されます（認定長期優良住宅のときは控除額は1,300万円となります）。

表4-8　新築住宅にかかる不動産取得税の軽減対象
（令和6年7月1日現在）

	下　限		上　限
	一戸建て住宅	一戸建て以外の住宅	―
貸家以外	50㎡以上	50㎡以上	240㎡以下
貸　家	50㎡以上	40㎡以上	240㎡以下

なお，この場合の面積は，登記面積となります。

ただし，一戸建て以外の住宅（集合住宅）の場合には共用部分の面積を算入することができますが，かなり複雑になりますので，詳細については税理士等の専門家にご相談ください。

Q6-10　等価交換マンションにかかる固定資産税と都市計画税について教えてください。

A 等価交換によりマンションを取得した後の固定資産税や都市計画税は，通常のマンションを所有しているときと同じです。

特に等価交換だからといって違うところがあるわけではありません。

《交換取得後のマンションを賃貸するときのキャッシュフロー》

　交換取得したマンションを賃貸して収益を得る際のキャッシュフローを考えるときは，上述の固定資産税や都市計画税のほか，管理費や修繕積立金の負担を考慮に入れておく必要があります。
　そのほか，収入についても，入居者の入れ替えの際には，一定期間は空室状態となるため，シミュレーションをする際は，稼働率は少なくとも5％程度の空きがある前提で考えるべきだと思います。

❼ 等価交換マンション事業は相続税対策になりますか？

Q❼-1 相続税対策からみて，等価交換マンション事業は有効なのでしょうか？

A 相続税対策については，「税効果対策（節税対策）」と「納税対策」の2つのアプローチがあります。

このうち，納税対策については，等価交換マンション事業を行うことで，賃貸住宅等を経営するときは，借入金なしで家賃収入が入ることになりますので，当該家賃収入をベースにした延納等を検討することが可能になるほか，場合によっては，取得したマンションの一部を売却して納税資金に充当することも可能です。

一方で，税効果対策についてはケースバイケースといえます。

Q❼-2 税効果が大きくないこともあるということですか？

A 一般的には，建物の固定資産税評価額は購入価格よりも低くなる傾向があるため，結果として節税効果を期待できるのですが，土地所有者にとって条件が良い等価交換マンション事業の場合には，取得する建物面積も大きくなるため，結果として節税効果が期待できないケースもあります。

もっとも，この場合は，収益性も良くなりますし，前述の納税対策に

❼ 等価交換マンション事業は相続税対策になりますか？

ついての効果は極めて大きくなるので，総合的に判断すべきでしょう。

Q❼-3 結論的には，相続税効果についても事案ごとに検討しなければわからないということになりますね。

A はい，そうなります。
なお，相続税は，所有している財産全体に対してかかる税金ですから，具体的には，この問題に精通している税理士等の専門家と十分に協議して検討されることをお勧めします。

《今の税制で考えることの限界も考慮に入れるべき》

マネー誌等では相続税のさまざまな節税テクニックが紹介されています。これらは専門家のノウハウを集結したものですから，それぞれ参考にすべきものと考えられますが，「相続税」の性格から留意すべきことがあります。

それは，相続税は「将来発生する」ものであることと，将来的な相続税の計算をする段階での税制や地価を確実に予測することはできないという点です。

その意味では，対策はオーソドックスに考えることと，継続して税理士等の専門家に相談できる状態を維持することが重要だと思われます。

5 等価交換マンション事業の事例

5 等価交換マンション事業の事例

これまで[Q&A]で述べてきたように，等価交換マンション事業とは，土地（あるいは土地持分）をデベロッパーに売却したうえで，デベロッパーが土地上に建てたマンションを取得する事業です。

ところで，等価交換マンション事業は，「資産の買換え（組替え）型の土地活用」という事業特性があるとともに，取得する建物が区分所有建物となることから，これらの特性を通じて土地所有者の抱えている課題を解決することが可能となる場面も少なくありませんし，その結果として街並みの再編にも寄与することもできます。

さらに，事業に際してはデベロッパーの力を利用することができることから，現実には様々な応用が可能になると考えられます。

[Q&A]では，等価交換マンション事業の仕組みについていろいろな観点からみてきましたが，本章では等価交換マンション事業で課題を解決した事例を紹介しましょう。

ここで挙げる事例をキーワードで示すと，以下のようになります。

- 遺産分割対策
- 共有物の分割
- 借地・底地の整理
- 共同化
- 土地のポテンシャルの向上
- マンションの建替え，再開発

なお，これ以外に，等価交換マンション事業を通じて，既存の債務を返済して，残った部分で再取得した住戸を賃貸して安定収入を得た事例のほか，従前の事業を廃業したうえで等価交換マンション事業により不動産賃貸業に業態変換した事例等もあります。

【事例1】
遺産分割および共有物分割を解決した事例

《80歳台の兄弟3人で580坪の土地を共有していたケース》

◆相談時の状況

　先代からの相続で，東京都区部の住宅地内にある580坪の土地をAさん，Bさん，Cさんの兄弟3人で共有していたケースです（**表5-1**）。

表5-1　相談時の状況

立　地	東京23区内
用途地域（容積率）	第一種中高層住居専用地域，住居地域（200％）
地　積	580坪
従前の状況	土地所有者の居宅，貸家，駐車場
所有者	兄弟3人（A，B，C）

　なお，敷地内にはBさんとCさんの居宅のほか，貸家が数棟と駐車場等が混在していましたが，Aさんは別の場所に家を構えていました。

　また，3人はいずれも80歳台であり，Aさんには子供が3人，Cさんには子供が2人いましたが，Bさんには子供はいませんでした。

　土地活用のきっかけは，Aさんの子供から「今の状況で万が一相続が発生すると，まとまった相続税が発生する可能性が高いが，相続税の納付期限までに遺産分割が終了できない可能性が高いので，まずは土地の権利関係を整理したい」といったことでした。

　ちなみに，土地は**図5-1**のとおり，北が5m道路，南が4m道路に接しているとともに，土地の一部が東南側にある大通りにも接している状

5 等価交換マンション事業の事例

図 5-1 土地の形状

態でした。

◆**具体的な計画**

　土地面積が比較的大きく，かつ，接道状況も悪くないので，土地を三分割することは可能でしたが，敷地内には前述のとおり，BさんとCさんの居宅のほか貸家が数棟ありましたが，計画的に建てられたものではないため，建物をすべて残して分割線を入れることは困難な状況でした。

　このうち，貸家は築年数がかなり経過していたため，BさんとCさんの居宅以外はすべて建物を解体するという前提で分割線を引いてみたのですが，それぞれの土地で建物が建築法規上問題のない形で分割をすると図 5-2 のようになりました。

　なお，さらに将来的な相続による分割線を引いてみたところ図 5-3 のようになりました。

　とりあえず，図 5-2 のような形で分割をすることは物理的には可能ですが，まとまった形状の土地が近い将来に図 5-3 のように細分化さ

144

【事例1】遺産分割および共有物分割を解決した事例

図 5-2　敷地分割の計画図

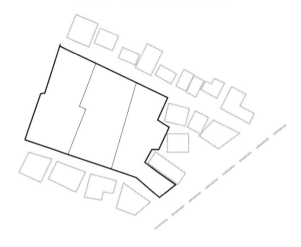

図 5-3　将来的な遺産分割後の状況

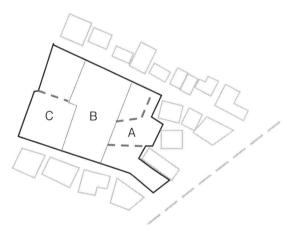

れてしまう可能性があることに加えて，細分化した後の土地の優劣はかなり大きくなってしまいます。

5 等価交換マンション事業の事例

一方で、この土地は住居系の用途地域で容積率も200％にすぎませんが、土地がまとまった広さであることに加えて北側が5m道路であり、5階建てくらいまでのマンションが建築できる状況でしたので、等価交換マンションの提案をさせていただきました。

等価交換マンションの計画では、居宅も含めてすべての建物を解体することになりますが、既存の土地を最有効利用できること、マンションの形で次の代に分割することが可能となること等が評価され、提案を受けいれていただくこととなりました。

最終的には、AさんとBさんは複数住戸を居宅や賃貸用として取得されましたが、Cさんは権利を売却して他の場所で自宅用マンションと投資用マンションを取得されました。

《共有地の分割と将来的な相続対策》

◆相談時の状況

東京23区内の住宅地に隣接する地区で、相続により兄弟姉妹の4人(Dさん、Eさん、Fさん、Gさん)で250坪の土地を共有されていましたが、敷地内にはDさんとEさんの居宅とEさんの賃貸住宅が建っていました(図5-4)。

表5-2 相談時の状況

立 地	東京23区内
用途地域(容積率)	商業地域(400％)
地 積	250坪
従前の状況	土地所有者の居宅、貸家
所有者	兄弟姉妹4人(D、E、F、G)

【事例1】遺産分割および共有物分割を解決した事例

図5-4　相談時の土地利用状態

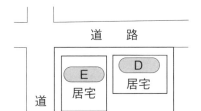

　FさんとGさんは他の場所に住宅を所有していたことと，自分たちが生まれ育った土地であることから，DさんとEさんが当該地に住宅を建設して居住していることに異存はなかったそうですが，共有者それぞれが高齢化するなかで，次の代への相続も考えなければいけない状態となるので，自分たちの代で共有物の分割を進めることとなりました。

　もっとも，現実には図5-4のような形で建物が建っていたため，庭となっている空地スペースは北道路にも西道路にも有効に接道していない袋地であり，この状態で土地を分割することは事実上困難な状況でした（登記上で土地を分筆することができますが，分筆した土地には建物を建てることができません）。

◆その後の検討の経緯

　DさんもEさんも，共有土地の分割の必要性は認識していましたが，前述のような利用状況では土地の分割は困難であることから，分割計画を進めるには土地上の建物の除却が不可欠となります。

　しかしながら，2人とも土地上に居宅を所有していたため，既存の建

5 等価交換マンション事業の事例

物を除却して分割をするときには，2人の次の住まいの手当てが必要となります。

既存建物についての借入金はありませんでしたが，年金受給者にとって新たに建物を新築することは極めて大きな負担です。

共有者全員が土地を売却したうえで，売却益でDさんもEさんも次の住まいを買い替えるという考え方がありますが，2人とも「生まれ育った土地」を離れることについて強い抵抗感を持っていました。

そこで，等価交換マンション事業により共有物の分割を進めることとなりました。

結果として，DさんもEさんも居宅以外に賃貸用の住戸を所有することができましたし，FさんやGさんは事業に際して共有持ち分を売却することができました。

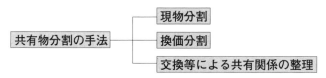

《遺産分割対策・共有物分割対策のまとめ》

相続問題の専門家に相談をすると，一般的には遺産分割に際しては，「現物分割」，「代償分割」，あるいは「換価分割等」をすることを推奨され，「共有」は避けるようにアドバイスされます。

しかしながら，バブル期くらいまでは，「相続対策」というと，「相続税効果」だけが注目され，納税対策や遺産分割対策は二の次と考えられる傾向がありました。

その結果，現実に相続が発生したときにも，相続税の申告や納税の対応に目が奪われてしまい，遺産分割については，「とりあえず，兄弟姉

【事例1】遺産分割および共有物分割を解決した事例

妹が共有する」としてしまっていることが少なくありません。今回の2つの事例もそうしたケースでした。

このようなときには，共有者が若いうちは大きな問題が生じなかったとしても，共有者の高齢化が進むと，次の代への相続を考えて，「共有物分割対策」と「遺産分割対策」を並行して検討するような場面も少なくありません。

さらに，この際に問題となる事項として，共有地上に共有者の一部の住宅等が建っていて，その住宅等が土地を分割する場合に支障となる場面です。

ここで取り上げた2つの事例は，いずれも共有地上に共有者の一部の住宅や賃貸住宅が建っていたことに加えて，建物を残して土地を分割することが困難か，あるいは合理的でない事例でした。

一般に，土地の面積が広くないと細分化が困難であることはこまかな説明をするまでもないことですが，まとまった土地を所有しているときでも，土地による現物分割を推奨できないことも少なくないことがご理解いただけると思います。

このようなときに，計画地がマンションに適した立地であるときは，等価交換マンション事業により問題を解決できる場面があります。

現実に，1つ目の事例はかなり広い土地でしたし，道路付けも悪くなかったので，共有物の分割だけであれば，三分割も可能な状況にありました。しかしながら，次の代への遺産分割という点も併せて考えると，土地の価値が毀損される可能性が高くなることが判明したので等価交換マンション事業を進めることとなった事例です。

なお，1つ目の事例では，土地上の賃貸住宅や駐車場からの収入は兄弟3人で分割していたようですが，2つ目の事例では，共有地を使っているのはDさんとEさんだけであり，FさんやGさんは土地の共有持

5　等価交換マンション事業の事例

ち分は有しているものの，土地上に居宅があるわけでもなく，また，経常的な収益を得ていたわけではない状況でした。

このようなケースは，相続前に二世帯住宅等を建築して親と同居していたときなどにも見受けられますが，共有者の中で便益を得ている者（住宅所有者等）と何の便益もない者がいるような場合は，相続直後はともかくとして，一定の時間が経過すると，その状態を面白くないと感じる共有者が出てきてもおかしくありません。

特に，子供の進学等でまとまったお金が必要となるようなときには，こうした傾向が顕著に出てくることがありますし，今回の事例にもあるように，次代への相続対策の検討が必要となるときにも共有物分割の検討が必要となります。

【事例2】
借地・底地関係を解消した事例

《底地を多くの親族で共有していた状態を解消した事例》

　都心に隣接する地区で，第三者に賃貸している土地（130坪）を親族9人（Hさん，Iさん，J_1さん，J_2さん，K_1さん，K_2さん，K_3さん，L_1さん，L_2さん）で共有していたケースで，土地所有者の側が借地関係と共有関係の解消を希望されていた事例です。

表5-3　相談時の状況

立　地	東京23区内
用途地域（容積率）	商業地域（400％）
地　積	130坪
従前の状況	借地権が設定されている底地
所有者	親族9人の共有と借地人1人

　土地は，宅地としてはまとまった広さでしたが，9人の共有となると，それぞれの持分は小さく，地代収入を9で割ると1人あたりの収入は微々たるものでしたし，借地権が設定された土地ですから，処分もままなりません。加えて，共有分割も困難な状態でしたから，土地所有者は二進も三進もいかない状態におかれていました。
　一方で，借地人のMさんも，まとまった広さの好立地を一人で借地していたため，地代の負担も馬鹿にならないという状況でした。

◆その後の経緯

　借地・底地関係の整理について，当事者間で具体的に協議をする中で，

5 等価交換マンション事業の事例

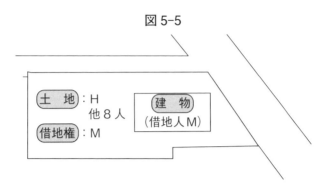

図5-5

土地共有者の中に権利を売却して現金化したい人と，立地が良いため何らかの形で土地の所有を続けたい人がいることがわかりました。

また，借地人のMさんは，この土地に住み続けたい旨の意向を有していました。

土地はまとまった広さであるため，底地の所有者が1人であれば，借地権と底地の交換という考え方も成り立ちましたが，借地権と底地の交換をして，たとえば土地の半分を所有権化できたとしても，9人での共有ということになると，活用も困難です。

現実に共有者間でも，土地にかかる意向が異なることから，等価交換マンション事業により権利関係を整理するしかない状況でした。

最終的には，借地人は完成したマンションで居住用と賃貸用の住戸を所有することになりました。

なお，底地の共有者については，当初は様々な意向があったようですが，共有者が9人と多かったために，等価交換マンション事業を前提としても1人当たりの評価は高くなく，仮に再建後のマンションの住戸を取得するときに支払う追加資金がある程度まとまった額になることから，住戸を取得したのは1名だけで，残りの共有者は換金することとなりました。

【事例2】借地・底地関係を解消した事例

《居宅および隣接する借地権および底地を含めた事業計画》

　東京23区内で，居宅と借地権の底地を併せて325坪の土地を有していたNさんからの相談事例です。
　好立地に広い土地を有しているにもかかわらず収益性が低いことに加えて，将来的に相続が発生したときにはまとまった相続税がかかることが想定されていましたし，複雑な権利関係を相続前に解消したいという意向もお持ちでした。

表5-4　相談時の状況

立　　地	東京23区内
用途地域（容積率）	近隣商業地域（300％）
地　　積	325坪
従前の状況	土地所有者の居宅，借地権の底地
所有者	土地所有者1人，借地人7人

図5-6　従前の土地利用状況

5 等価交換マンション事業の事例

　なお，図5-6のとおり，Nさんの居宅以外の土地は，Oさん，Pさん，Qさん，Rさん，Sさん，Tさん，Uさんの合計7人に旧法借地権により賃貸していました。

　このうち，Oさん，Pさん，Qさん，Rさん，Sさん，Tさんの借地は私道に接していましたが，Uさんの借地は接道が確保されていない状態でした。

◆具体的な展開

　土地所有者が借地関係を解消するには，「借地人に底地を売却する」，「借地人から借地権を購入する」，「借地権と底地の交換をする」等の選択肢がありますが，いずれも相手のある話ですから，借地人の側の事情の把握も必要です。

　そこで，借地人と個々に話し合いをしたところ，借地人の一部は，居宅を建て替えたいという気持ちはあるものの，資金が調達できずにいる状況だったことがわかりました。

　また，建物とともに借地権の売却を検討している人もいました。

　こうしたことから，等価交換マンション事業により権利調整をすることとなりました。

　事業の結果，Nさんは居住用の住戸に加えて賃貸用の住戸を数戸取得することが出来ました。収益性も向上しましたし，いざとなれば一部を売却することで相続税の納税も可能となりました。

　また，借地人の中には居住用の住戸を取得した人もいましたし，等価交換マンション事業の中で権利を売却した人もいました。

【事例2】借地・底地関係を解消した事例

《3人で共有する土地に複数の借地権が設定されていたケース》

これは，前述の2つのケースを併せたような事案です。

計画地は，大阪市内にある350坪の土地です。高齢の姉妹とその姉妹の父親の友人だった人物の3人が共有していた土地（借地権が設定されている底地）について，共有物分割と借地・底地関係を解消したケースです。

土地所有者も借地人も複数という極めて複雑な権利関係の土地でした。

相談者は共有者姉妹の一方の子供で，次のような理由から，等価交換マンション事業により問題解決を図りたいというものでした。

① 土地は3人の共有であるが，相談者の母親と叔母以外のもう1人

表5-5 相談時の状況

立　地	大阪市内
用途地域（容積率）	商業地域（400％）
地　積	350坪
従前の状況	貸地，駐車場
所有者	姉妹2人と他に1人，借地人8人

図5-7 土地の形状

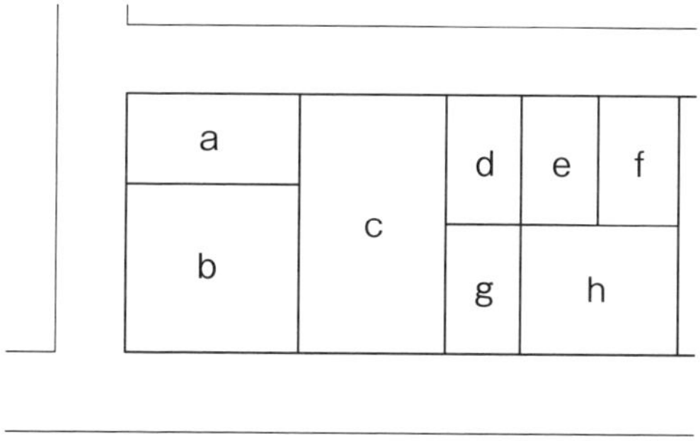

5 等価交換マンション事業の事例

の人物は，亡き祖父の友人で，血縁者ではないということであるが，母親らとはほとんど面識がない。
② 加えて，借地人が複数いる中で，母親らの相続が発生してしまうと，話がややこしくなりそうなので，母親らが元気なうちに共有関係の解消と借地・底地関係の整理を図りたい。
③ 自分自身でいろいろと勉強をした結果，このニーズに対応するには等価交換マンション事業しかないが，こうした面倒な事案について事業者として参加してもらえないか。

立地は良いものの，かなり複雑な事案です。しかしながら，計画を進めるには，まずは土地所有者の意向の確認が必要です。

このケースでは，相談者のお母様と叔母様が計画を進めたいと考えていることを確認したうえで，もう1人の共有者とも連絡を取り，当該人も計画について同意してもらえることを条件に話を進めることとなりました。

◆具体的な経緯

相談者のお母様と叔母様からもう1人の共有者に連絡をとってもらい，等価交換マンション事業の担当者が共有物分割と借地・底地関係の整理の必要性等について説明をしたところ，話の内容はよくご理解いただくことができ，等価交換マンション事業を進めることに同意していただきました。

その後，借地人と個別に協議を重ねたところ，最終的には1人は等価交換マンション事業には不参加であるものの，借地権と底地を交換したうえで所有地上に自ら建物を建築することを希望されました。

一方で，借地人の1人が計画地に隣接する土地を所有していたため，土地の形状は当初とは一部変わることとなりましたが，無事等価交換マ

【事例2】借地・底地関係を解消した事例

ンションを建築することができました。

結果として，借地・底地関係の整理および共有関係の解消を果たすことが出来ました。

なお，権利関係が極めて複雑であるため，相談開始から契約の決済までは3年半とかなり長期間にわたる交渉が必要となりました。

《借地・底地関係の整理についてのまとめ》

一般に借地権の地代は，年額地代でも地価の1％を超えることは少ない状況ですから，特に一等地においては土地所有者から見ると収益性が低く，魅力が薄い事業です。

一方で，仮に土地所有者の相続が発生すると，借地権が設定されている土地の評価は，[地価×（1－借地権割合）]で求められることから，他の資産の状況次第では，まとまった相続税がかかる可能性もあります。

ところで，借地権の整理を検討するときは，以下のような手法が考えられます。

- ◈土地所有者が底地を売却する。
- ◈土地所有者が借地人から借地権を購入する。
- ◈土地所有者と借地人が底地と借地権を共同売却する。
- ◈借地権と底地を交換する。
- ◈等価交換マンション事業。

上記の中で，土地所有者が借地権が設定されている底地を売却しようとするときは，借地人が底地を購入する意向が強い場合を除くと，[地価×（1－借地権割合）]で売却ができる可能性は極めて少なくなるため，この手法によって借地権と底地の整理を検討している土地所有者はほとんどいないと思われます。

5 等価交換マンション事業の事例

　また，借地権を購入するという選択肢は，土地所有者の負担が大きくなる可能性が高いでしょう。

　次に，土地所有者も借地人も売却の意向があるときは，共同売却という選択肢も考えられます。

　なお，共同売却を選択するときは，売却後の代金の配分はあらかじめ合意しておいた方がよいでしょう。

　さらに，借地がある程度まとまった大きさで，分割をしても分割後の土地の活用が十分に可能なときは，借地権と底地を交換する手法が有効となる場合があります。なお，この借地権と底地の交換を「等価交換」ということがあります。

　一方で，高度利用に適している土地でマンションの計画が可能なときは，等価交換マンションにより借地・底地関係を解消することが可能となります。

　ここでは，その典型的な事例あげてきましたが，特に図5-5や図5-7の事例のように土地所有者（あるいは借地権者）の数が多くて，通常の処理では対応ができないような場面でも，等価交換マンション事業で解決することが可能となるケースもあります。これらは，借地・底地関係の整理に加えて，土地所有者の共有物を分割した事例です。

　なお，以上の事例は，等価交換マンション事業の特色に加えて，デベロッパーの協力があったからこそまとめることができたものであるともいうことができるでしょう。

【事例3】
共同化によって問題を解決した事例

《共同化により共有物分割にも寄与した事例》

◆相談時の状況

　この事案は，甲土地の所有者からの「有利な条件で土地を売却したい」という相談から始まった話です。

　もっとも，土地の面積を考えると容積率を有効に活用することも困難であったので，普通に売却するよりも隣接地を含めた等価交換マンション事業を行うことができれば，結果として土地の評価も高くなることから，隣接地の所有者に共同化の話を持ちかけた事例です。

　ちなみに，隣接地は，面積はかなり広かったものの，路地状敷地であったことから，話の持ちかけ方次第では，交渉のテーブルに乗る可能性があると思われたことから，この方向性の提案をした次第です。

表 5-6

	甲土地	乙土地
立　地	東京都下	東京都下
用途地域	商業地域	商業地域
地　積	80 坪	250 坪
従前の状況	土地所有者の事業用	土地所有者の居宅
所有者	1 人（i）	兄弟 3 人（j, k, l）

5　等価交換マンション事業の事例

図5-8　従前の利用状況

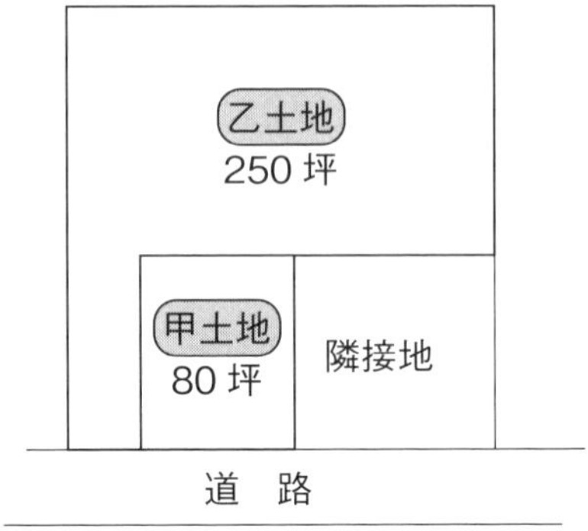

```
┌─────────────────────────┐
│                         │
│      ┌乙土地┐           │
│       250 坪            │
│                         │
│   ┌甲土地┐┌──────┐     │
│    80 坪 │隣接地│      │
│   └─────┘└──────┘      │
└─────────────────────────┘
         道　路
```

◆**その後の経緯**

　共同化による等価交換マンション事業の打診を乙土地の所有者に持ちかけたところ，乙土地の所有者は数年前に相続が発生し，相続人であるj，k，lの3人で乙地を共有していること，将来的には共有関係の解消を考えていたことがわかりました。

　そこで，この隣接地の所有者に対して，共有関係の解消等を推奨するなかで隣接地を含めた等価交換マンション事業を進めることができました。

　j，k，lの3人は等価交換に参画して居宅や賃貸住宅を取得した一方で，甲土地の所有者は希望通りの金額で土地を売却することが可能となりました。

【事例3】共同化によって問題を解決した事例

《隣接地と共同化することにより土地のポテンシャルを活かすことができた事例》

◆相談時の状況

高容積率の商業地域内でまとまった規模の甲土地を所有するmさんは，土地上で賃貸住宅と小規模なホテルを経営されていましたが，建物の老朽化が進んだため，土地の有効活用の検討を始めていました。

もっとも，土地の規模が大きいので，自ら建物を建築すると投下資金はかなり大きくなるのですが，建物の建築資金に投下できる手持ち金は

表5-7

立　地	兵庫県神戸市
用途地域（容積率）	商業地域（400％）
地　積	240坪
従前の状況	賃貸住宅，ホテル
所有者	1人（m）
隣接地の所有者	2人（n, o）〈n所有地は20坪，o所有地は22坪〉

図5-9　従前の土地状況

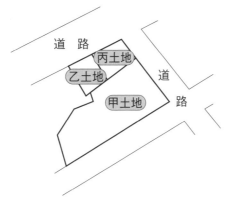

5 等価交換マンション事業の事例

多くないため，多額の借入れが必要となります。

そこで，等価交換マンション事業の計画を進めることとなったのですが，前面道路の幅員が4mであるため，都市計画上の容積率をフルに消化することができない状態でした(注)。

なお，計画地である甲土地に隣接する乙土地と丙土地は，幅員10mの道路に接しているため，この二つの土地を併せて計画をすると，都市計画上の容積率をフルに生かした計画をすることが可能となるので，隣接地の所有者の意向を確認することとなりました。

> （注） 都市計画で容積率が規定されていますが，建築基準法では，前面道路が12m以下の道路であるときは，その道路の幅員により容積率を制限しています。それによると，商業地域や近隣商業地域等の非住居系の用途地域の場合は［前面道路の幅員×60％］となっているので，前面道路の幅員が4mである本計画地の場合は，容積率の限度は240％となります。

◆その後の経緯

乙土地所有者のnさんと丙土地所有者のoさんは，ともに当該地に店舗兼居宅を有していましたが，建物の老朽化と営業の継続の可否等について考えていたところでした。

そうしたなかで，mさんからの共同化による等価交換マンション事業の提案は，自分たちの抱えている問題を解決するために有効な手法であることを理解いただき，事業を進めることができました。

なお，隣接地と共同化することにより，**表5-8**のように本件土地で利用可能な延べ床面積が384坪増えることになりますので，共同化はmさんにとっても大きなメリットとなることがわかります。

【事例3】共同化によって問題を解決した事例

表5-8　共同化による延べ床面積の割り増しについて

	計算式	延べ床面積の上限
甲土地単独の計画	240坪×4×60%	576坪
隣接地を含めた場合*	240坪×400%	960坪
両者の差	960坪－576坪	384坪

＊甲土地に帰属する容積率を計算するものとする。

　この事業の中で，mさんは等価交換が可能な範囲で住戸を取得したうえで，当該住戸を第三者に賃貸することで安定した賃料収入を得ることができました。

　また，oさんは，1階部分に店舗を取得したほか，居宅用住戸を取得し，nさんは，この事業の中で権利を売却して他の場所に住み替えることとなりました。

《複数の狭小敷地を一体化することで土地のポテンシャルを上げた事例》

　都心部の商業地の一角にある，2～3階建ての店舗併用住宅が立ち並ぶ一角で20坪の土地を所有する人物から，建物の老朽化に伴う建替えの相談を受けたのですが，土地面積が広くないことに加えて，間口が狭く奥行きが長い形状であったため，当該地で有効な設計をすることが困難な状況でした。

表5-9　相談時の状況

立　地	東京23区内
用途地域（容積率）	商業地域（500%）
地　積	20坪
従前の状況	店舗兼居宅
所有者	1人
隣接地の所有者	5人（10～25坪の小規模土地をそれぞれが所有）

5 等価交換マンション事業の事例

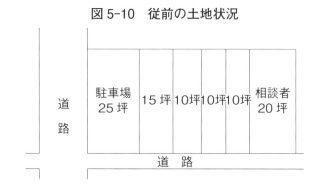

図 5-10　従前の土地状況

　こうしたなかで，隣接する土地上の建物も築年数が経過しており，早晩建替え等の検討が必要な状態と思われたので，土地を一体化して等価交換マンションを建築する旨の提案をすることとなりました。

　隣接地の中には，相談を受けた土地よりも面積のさらに狭い土地もあったので，単独での建替えが困難と思われたことに加えて，最終的に共同化を目指した6つの土地のうち，10m道路との角地にある区画を除くと，前面道路は4mしかないので，図5-9の事例と同じように，都市計画上の容積率が消化できない中で，全体を一体化すると容積率をフルに使うことができるようになるメリット等もある状況でした。

◆その後の経緯

　隣接する6つの土地所有者の中で，角地の駐車場の所有者以外は相談者と同じような状態であったため計画に賛同してくれましたが，角地の駐車場の所有者は，駐車場の稼働状況もよかったことに加えて，中では一番まとまった規模の土地を所有されていたので，計画に参加してもらえない可能性もありました。

　しかしながら，これらの土地をすべてまとめても90坪にすぎないことに加えて，角地がないと容積率をフルに活かした計画を進めることも

【事例3】共同化によって問題を解決した事例

困難でしたので，6つの宅地をすべて共同化することが計画の可否を左右する問題でもありました。

なお，計画地の周辺では再開発が進んでいた中で，南側区画にも規模の大きな建物が建っていたこと等から，6つの土地所有者全員が共同化に賛成をしてくれることとなり，等価交換マンション事業を進めることができました。

相談者は，マンション内に新居を取得することができましたし，他の権利者も居宅や店舗を新築することができました。

また，建物が新しくなったことで，前面道路の人通りも増え，結果として店舗も順調に運営できるようになったそうです。

《共同化についてのまとめ》

隣接地と共同化することで不整形の土地を整形地にすることは可能ですし，図5-9の事例のように共同化することで都市計画上の制約を有効に使うことができることもあります。

また，狭小地でも共同化することで有効活用ができるケースもあります。

特に等価交換マンション事業においては，共同化を有効に使うことができる場面も少なくありません。

ただし，土地の利用手法については，土地所有者ごとに考え方は異なるのが通常です。

一方で，同じ時期に等価交換マンション事業に参画することについて関係者全員の同意を得ることができなければ事業を進めることはできないことも事実です。

ところで，隣接地を含めた共同化の検討には，周辺の土地状態からニ

5 等価交換マンション事業の事例

ーズを読み解く力が必要です。

図 5-8 は「路地状敷地で広い面積であるため，分割が困難だろう」という考えから話をもちかけたわけですし，図 5-9 や 5-10 も「建物の老旧化等から，何か思うところがあるのではないか」と考えたことも，共同化の提案をする際のきっかけとなりました。

なお，土地所有者が日頃から近所づきあいをしているときは，隣接地所有者がおかれた状態も把握していることも少なくありません。

一見すると，敢えて共同化を考えないようなときでも，共同化をすることでより良い計画を実現できることもあるので，計画を検討するときは，さまざまな情報を勘案して判断すべきでしょう。

【事例4】
等価交換マンション事業により マンションを建て替えた事例

《小規模マンションを建て替えた事例》

1950年代に建てられたこのマンションは，3LDK（約77㎡）24戸と2LDK（約55㎡）4戸の28戸で構成される小規模マンションでした。

表5-10　建替え前のマンション

立　地	東京23区内
用途地域（容積率）	第一種住居地域（300％）
地　積	300坪
従前の状況	マンション（全戸住居）
区分所有者数	25人

　管理組合のまとまりが良いマンションであった一方で，耐震性に問題があったほか，区分所有者の高齢化が進んでいたなかで，エレベータがないことが大きな問題でした。
　加えて，給排水管の交換が必要だったのですが，枝管が下の階の天井裏にあるため対応が困難であることも大きな問題となっていました。
　ところで，具体的な設計計画を策定する中でネックとなったことのひとつに，敷地形状の問題がありました。
　このマンションの敷地は，図5-11のように間口が狭くやや変形した形状の土地となっていました。そのため，区分所有者の希望等も踏まえた設計はかなり大変だったようです。
　なお，このマンションは，管理に係る区分所有者の参加意識がかなり

5 等価交換マンション事業の事例

図 5-11

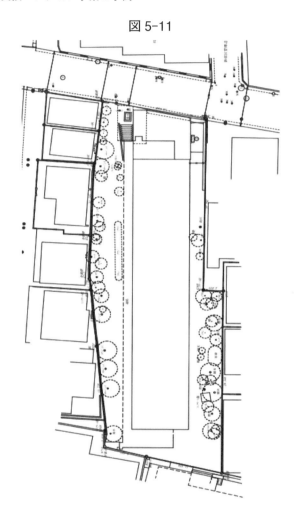

高いマンションであったため，事前の検討には一定の時間がかかったようですが，建替えの方向が決まった後は極めて迅速に手続きを進めることができました。

建替えに至るスケジュールは次のように進みました。

　　2006 年ころ……建替えの検討を始める

【事例4】等価交換マンション事業によりマンションを建て替えた事例

2013年 9月……耐震診断を実施
2014年 2月……専門家にアドバイザーを要請
2016年11月……事業協力者の選定
2017年 3月……建替え決議
　　　　 8月……区分所有者全員との等価交換契約の成立
　　　　 9月……解体着工
2019年 8月……竣工・引き渡し

《隣接地を含めてマンションを建て替えた事例》

　既存のマンションの土地だけでは建替えが困難であるものの，隣接地と共同化することにより建替えを実現できるケースもあります。
　これは，隣接する一戸建て住宅5軒とともに共同化することで有効な建替えを実現できた事例です。

表 5-11　建替え前のマンション

立　地	東京23区内
用途地域（容積率）	商業地域（500％）
地　積	200 坪
従前の状況	マンション（全戸住居）
区分所有者数	58 人
隣接地の所有者	5人（20坪前後の小規模土地をそれぞれが所有）

　図5-12の公図において，マンションの敷地は太い線で引かれた範囲内となります（1-15, 16, 17地）。このうち1-16地は国道に接道し，また1-15，17地は区道（幅員4m）に接しています。
　なお，東京都の条例では，1-16は接道要件を満たしていないので，この物件を建て替えるときは南側道路の幅員により容積率の制約を受け

5 等価交換マンション事業の事例

図 5-12 従前の土地状況

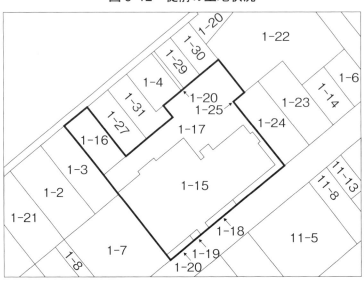

ることとなります（図 5-9 の事例を参照）。

ところで、このマンションの管理組合の理事長は、地域活動にも参加されている方で、マンションに隣接する土地所有者とも懇意にしていたため、その中の何人かは建物の建替えを考えているものの、それが実現できていない旨の情報も得ていたようです。

こうしたことから、この理事長とデベロッパー等が一緒になり隣接地の所有者と交渉した結果、最終的には、1-4、20、24、25、27、29、31地の所有者のそれぞれと共同化についての合意を得ることができ、マンションの建替えを実現することとなりました。

なお、このマンションが建替えを検討したきっかけは、国道が特定緊急輸送道路であったため、耐震診断が義務付けされ、診断の結果、耐震性に大きな問題があることが発覚したことでした。

そのほか、建物の老朽化や、図 5-11 の事例と同じようにインフラの

【事例4】等価交換マンション事業によりマンションを建て替えた事例

交換が困難であったこと等も建替えを実施することとなった主たる理由でした。

　なお，概略のスケジュールは以下の通りです。

2011年　………耐震診断の結果，耐震性に問題があることが発覚。
2012年　5月……管理組合の総会で再生を進める旨の決議，再生委員
　　　　　　　　会の立ち上げ。
　　　　12月……建替え推進決議（隣接地の所有者との交渉を始める）。
2013年　12月……事業協力者の選定。
2014年　4月……建替え決議。
　　　　12月……全区分所有者と等価交換契約。
2015年　1月……解体着工。
2017年　………竣工。

《等価交換によるマンション建替えのまとめ》

　建物の区分所有等に関する法律による建替え決議等を経て，建替えを進めることについて区分所有者間の意思決定がなされたあとは，多くの場合は，マンションの建替え等の円滑化に関する法律（以下，「円滑化法」といいます）によりマンション建替組合（以下，「建替組合」といいます）を設立して，建替組合が主体となり建替えを進める手法が多く取り入れられていますが，あえて建替組合を設立せず，任意の手続きで建替えを進めるケースもあります。

　この任意の手続きでマンションの建替えを進めるときに主として用いられている手法が等価交換方式となります。

　もっとも，等価交換方式によりマンションの建替えを進めるときは，デベロッパーと建替えに参加する区分所有者全員との間で契約をするこ

5 等価交換マンション事業の事例

とが必要となります。

これまでの等価交換マンション事業の事例でも，隣接地と共同した建替えや，土地に共有者が多いときには，10名を超える土地所有者（借地権者も含む）との契約が必要なケースがありましたが，マンションの場合には人数がさらに多くなります。

たとえば図 5-11 の事例でも 25 名の区分所有者がいましたし，図 5-12 の事例では区分所有者の数は 58 名です。

現実には，区分所有者の数が多くなると，等価交換方式でマンションの建替えをすることが困難ですから，今後も，特に規模が大きなマンションについては円滑化法建替組合を設立して建替えを進める手法が中心となるでしょう。

もっとも，規模が比較的小さくて，区分所有者間のまとまりが良いマンション等を中心に，あえて円滑化法の手続きを利用しないで，等価交換手法によりマンションの建替えを進める事例も継続して出てくるものと思われます。

【事例5】 等価交換マンション事業により再開発をした事例

◆相談時の状況

　計画地は，都心に近接する江戸時代から続く町割りが残る場所で，狭い裏路地と間口の小さな木造住宅が密集する立地でした。

　そのため，大規模災害があると建物の倒壊や火災等の危険性が高い地区であったことから，区から「街並み誘導型地区計画」にも指定されていたので開発等による共同化を検討したこともあったそうですが，地区内の店舗の仮移転や休業が難しい状況であったため計画は中断されたそうです。

表 5-12

立　　地	東京 23 区内
用途地域（容積率）	商業地域（600％）
地　　積	1,914.7㎡
従前の状況	木造住宅，長屋，店舗併用住宅等で構成される密集地
所有者	38 名

　しかしながら，年月の経過とともに家屋の老朽化はさらに進み，かつ東日本大震災の影響等から建物に限界を感じている人が増えてきたようです。

　もっとも，特に長屋形式の建物は単独での建替えが困難であったほか，全体的に小規模な土地が多かったため道路のセットバックをすると面積がさらに小さくなることから，個々の建替えは困難であることを認識する人が増えたため，改めて地域全体の開発の機運が高まり，事業協力者を募集することとなりました。

5 等価交換マンション事業の事例

◆計画を進める上での課題

　この計画の最大の課題は，土地所有者の人数が多いことと，区域内にある私道の廃道でした。

　これまでも述べてきたように，マンションの場合は区分所有者の数が多くても，区分所有者と議決権の各5分の4以上で決議をしたあと，建替え決議の非賛成者については催告や売渡し請求の仕組みがありますし，また，都市計画による再開発についても市街地再開発組合の設立は権利者の3分の2以上の同意で進めることができます。

　しかしながら，この事案は，任意の等価交換契約で進める計画であったため参加者全員との契約が不可欠ですが，総論は再開発に賛成でも，話が進むと所有者ごとに解決すべき問題が出てきます。

　中でも大きかった問題は，店舗を併設している所有者の移転先の確保（以前の開発の検討の際にもネックとなっていました）と，第三者に建物を貸している人も多かったので，そのテナントの移転でした。

　これらの問題に対しては，「今度こそ再開発を成功させたい」という個々の土地所有者の強い思いによるバックアップと，地元の不動産業者の協力により何とか対処することができました。

　次に，私道に関してですが，もともとは地区内の土地所有者で私道を共有していたものの，土地と建物を売却する際に私道部分の権利の売買を忘れていることが少なからずあったほか，登記の移転を失念していることもあり，私道の共有持ち分のみ有している元の居住者が何人もいる状態でした。加えて，土地所有者の相続等の要因も加わり，私道の権利者は最終的には100名を超える状況となっていました。

　私道の廃道についても，権利者や関係者全員の同意が必要ですので，弁護士と協力をしながら私道所有者を全員特定したうえで，それぞれか

【事例5】等価交換マンション事業により再開発をした事例

図 5-13　計画地の概要

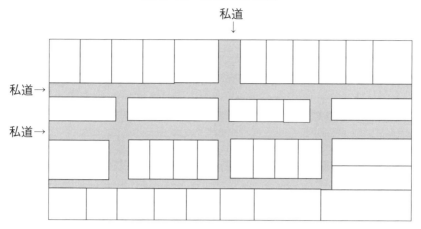

ら「廃道同意書」を取得することができました。

　なお，合意形成をしている最中に，区から「地区計画の変更」の計画が公表され，容積率の緩和政策が中止される旨の情報が入ったのですが，このことが土地所有者の危機意識に火をつけたため，事業への協力を得る上でかえってプラスの要因となりました（逆の言い方をすると，地区計画の変更の公表がされたときに事業計画が進んでいなければ，その時点から合意形成を進めたとしても時間的に間に合わなかったように思われます）。

◆**再開発の結果**

　権利関係が複雑で土地所有者の数も多く，個々にも様々な課題を抱えたケースでしたが，最終的には多くの土地所有者の協力に加えて，行政の協力もあり，合意形成を始めてから1年半強で建物の明渡しが完了し，契約も終了しました。現在では建物も竣工したため，再取得した人達は快適な住生活をおくっています。

　なお，この計画により，次のようなことを実現することができました。

5 等価交換マンション事業の事例

◆防災性の高い街づくりをすることができた。
◆私道を含めた複雑な権利関係を整理することで，次世代に継承しやすい資産とすることができた。
◆高齢化が進む土地所有者らに対して，建設費の負担を極力抑えて新たな住まいを提供できた（多くは，追加負担なしで住戸を取得しています）。

《等価交換マンション事業による再開発のまとめ》

　地球温暖化の影響等により，近年，わが国でも毎年のように様々な災害が都市部を襲っています。そのため，特に古くからある木造密集地において再開発等の手法により防災性を向上させることは，街づくりの観点から重要であることはもとより，その場所に居住している人達の命を守るうえでも喫緊の課題でもあります。

　ところで，再開発は都市計画としての法定再開発事業のほか，密集市街地の整備については区画整理事業を組み合わせることで対応する手法が用いられることがあります。

　このような都市計画事業の中で再開発を進めることにはメリットもたくさんあるので，この方向で街区再編を望む声も大きいのですが，一方で時間軸が長くなる傾向がありますし，そもそも規模が小さい計画などを含め都市計画事業としての位置づけがされない場合は計画を進めることはできません。

　そのため，土地所有者の積極的な協力が得られる場面では，ここで挙げた事例のように「任意の手続き」で再開発を進める手法も重要であると思われますが，そのための具体的な手法としては「等価交換マンション事業」による手続きを挙げることができます。

【事例5】等価交換マンション事業により再開発をした事例

　現実には，権利者の数が多いときは合意形成のハードルは高くなりますが，行政とも協力をしながら，災害に強い街づくりを進めること，何よりも土地所有者らに快適な住まいを提供することができることは，事業の醍醐味であるといっても過言ではないでしょう。

【事例 6】
等価交換マンション事業により，権利関係の整理と小規模再開発を実現した事例

東京城南地区で，借地権が設定されている 30 坪ほどの甲土地（底地）を所有している A さんから，「底地を売却したい」という相談がきっかけとなり始まった事業です。

最終的には，隣接する乙土地・丙土地・丁土地を共同化して等価交換マンション事業を実現することが可能となりました。

なお，この事業は，借地・底地の整理や遺産分割等をすすめたほか，共同化による小規模な再開発を実現した事例となります。

表 5-13

立　地	東京 23 区内
用途地域（容積率）	商業地域
地　積	525.6㎡
従前の状況	木造住宅，鉄骨造，店舗併用住宅や店舗
所有者	5 名（他に，借地人や借家人についての対応が必要）

表 5-14　それぞれの土地の状況と課題

	関係権利者	計画を進めるうえでの課題
甲土地	α さんと借地人 2 人（うち一方は 2 人で準共有）と借家人	借地・底地関係の処理，借地人の遺産分割，借家人との交渉
乙土地	β さん	単独では処分が困難な形状の土地
丙土地	γ さん，Δ さん	遺産分割
丁土地	ε さん	店舗の移転先

さて，α さんからの相談ですが，借地権の設定されている底地の売却は難しいうえに，30 坪の土地に二つの借地権が設定されている状況

【事例6】等価交換マンション事業により，権利関係の整理と小規模再開発を実現した事例

であったため，借地権と底地の交換等による権利整理も難しい状況でした。

その後，αさんは，「まとまった規模の土地のほうが土地の評価も高くなるのではないか」と考え，隣接の乙土地（面積は約60坪）を所有するβさん（αさんの兄弟）を説得して甲土地の底地と乙土地の共同売却について再度相談をいただいたのですが，計画地の面積が広くなっても借地権の底地の課題は残るうえ，面積は広いものの，乙土地は変形地であることも評価を考えるうえでのネックとなっていました。

このときに，甲土地の借地人も含めた等価交換マンション事業で課題を解決して事業化を図ることも考えたのですが，甲土地と乙土地だけでは事業規模の関係で関係者が満足できる条件を提示することは困難な状況でした。

ところで，甲土地と乙土地に隣接する丙土地および丁土地上の建物もかなり築年数が経過している状態であったため，αさん，βさんにヒアリングをしたところ，丙土地についてはしばらく前に所有者の相続が発生し，相続人間で遺産分割の話を始めている旨の情報があったため，甲土地・乙土地・丙土地を併せて等価交換マンション事業を行えば，それぞ

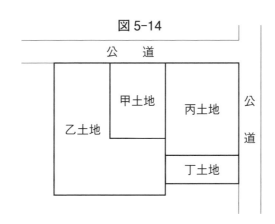

図5-14

5　等価交換マンション事業の事例

れの意向を実現できるのではないかと考え，具体的な交渉に入りました。

まずは，甲土地の借地人のヒアリングに入りました。

借地人の一方は，借地上の建物で自宅＋店舗を経営していましたが，何年か前に相続が発生していて，現在は表記のように借地権を相続人2人で準共有している状況でした。そのため，将来に向けて借地権にかかる遺産分割をどうするかについて気にされていることも確認できました。加えて，建物も築年数が経過しているほか，雨漏り等の問題も発生していたので，建物の今後についても気にされていたようです。

なお，この自宅＋店舗所有の借地権準共有者の1人は，この土地に愛着をもっておられましたが，もう1人は権利を売却したいという意向をもっていることも確認できました。

甲土地のもう一方の借地人は，借地上の建物を第三者に賃貸されていたのですが，同じく築年数が経過していることを気にされていることがわかりました。そのため，共同化して等価交換マンションを建築することには異存はなかったのですが，借家人との交渉が課題と考えていたようです。

この借家人とは，時間をかけて話し合いをすることとなりましたが，何度か話をするうちに，建物が老朽化しているために様々な支障が出ていて困っていることがわかりました。そうしたなかで，近隣に条件の良い移転先を見つけることができたので，この課題も無事に解決できました。

次に，丙土地の所有者（γさんとΔさん）ですが，相続による遺産分割をするために，売却して換金をすることを考えられていたようです。もっとも，それぞれが地元に愛着をもっているため，等価交換マンション事業で分割ができることについて，共感をいただくことができました。

なお，丙土地上の建物は第三者に賃貸されていましたが，こちらは「定

【事例6】等価交換マンション事業により，権利関係の整理と小規模再開発を実現した事例

期建物賃貸借契約」で貸されていたため，期間満了により建物の明渡しをいただきました。

最後に，丁土地ですが，所有者のεさんは共同化による等価交換マンション事業には難色を示されていたのですが，甲土地・乙土地・丙土地で話がまとまりつつあるなかで，最終的には事業化に同意をいただくことができました。

最終的にはこの4つの土地を共同化することでマンションを建築することができ，関係者それぞれに満足をいただくことができました。

おわりに

　本書では，土地活用の基本的な考え方と，等価交換マンション事業の実務について，旭化成不動産レジデンス(株)が実現してきた経験をベースに［Q＆A］形式で説明をさせていただきました。

　この事業を，「土地の有効活用」という面から考えるとき，等価交換マンション事業により土地所有者がかかえる様々な問題を解決できる場面も少なくありませんが，この手法がオールマイティというわけではありませんし，事業を進める上で留意すべき事項もあることはご理解いただけたものと思います。

　また，事業の特性をよく理解したうえで，具体的な検討を始めるに際しても，そもそも計画地がマンション事業に向いた土地であるか否かの判断が不可欠ですし，中高層建物の建築を伴う計画については，公法上の制約も厳しいため，そもそも土地の最有効利用が可能か否かについての検討も必要となります。

　その意味では，事業に興味がありましたら，専門家，あるいはデベロッパーに相談をすることも一つの考え方です。

　もちろん，旭化成不動産レジデンス(株)でも，個別の相談を受けていますので，ご興味がありましたら，ホームページからアクセスしていただけると幸いです。

■ 著者紹介

大木　祐悟（おおき　ゆうご）
1983 年　早稲田大学商学部卒
現在，旭化成不動産レジデンス株式会社
　　　　マンション建替え研究所 特任研究員
マンション管理士，他
〈主要著書〉
『【Q&A】マンション建替えのすすめ方――建替え決議集会の招集・催告，権利変換手続き，着工・竣工からマンション敷地売却決議，団地の建替え，被災マンションの復興までのすべて』（共著）（プログレス）
『マンション再生――経験豊富な実務家による大規模修繕・改修と建替えの実践的アドバイス』（プログレス）
『逐条詳解・マンション標準管理規約』（プログレス）
『定期借地権活用のすすめ――契約書の作り方・税金対策から事業プランニングまで』（プログレス）

重水　丈人（しげみず　たけひと）
1997 年　名古屋大学法学部卒
現在，旭化成不動産レジデンス株式会社
　　　　マンション建替え研究所 研究所長
再開発プランナー，他
〈主要著書〉
『【Q&A】マンション建替えのすすめ方――建替え決議集会の招集・催告，権利変換手続き，着工・竣工からマンション敷地売却決議，団地の建替え，被災マンションの復興までのすべて』（共著）（プログレス）

新版【Q&A】《不動産の有効活用のための》等価交換マンション事業のすすめ方

2022 年 4 月 30 日　初版発行
2024 年 11 月 15 日　新版発行

著　者　大木　祐悟／重水　丈人 ©

発行者　野々内邦夫

発行所　株式会社プログレス　〒 160-0004　東京都新宿区四谷 4-30-23-9F
　　　　　　　　　　　　　　電話 03(6457)8617　FAX03(6457)8627
　　　　　　　　　　　　　　http://www.progres-net.co.jp　e-mail: info@progres-net.co.jp

＊落丁本・乱丁本はお取り替えいたします。　　　　　モリモト印刷株式会社

本書のコピー，スキャン，デジタル化等の無断複製は著作権法上での例外を除き禁じられています。本書を代行業者等の第三者に依頼してスキャンやデジタル化することは，たとえ個人や会社内での利用でも著作権法違反です。

ISBN978-4-910288-50-5　C2034

*各図書の詳細な目次は、http://www.progres-net.co.jp よりご覧いただけます。

新版
定期借地権活用のすすめ
●契約書の作り方・税金対策から
　事業プランニングまで
大木祐悟(定期借地権推進協議会運営委員長)

Q&A
マンション建替えのすすめ方
●建替え決議集会の招集・催告,権利変換手続き,
　着工・竣工からマンション敷地売却決議,団地
　の建替え,被災マンションの復興までのすべて
大木祐悟(旭化成不動産レジデンス)
重水丈人(マンション建替え研究所)

高経年マンションの影と光
●その誕生から再生まで
大谷由紀子(摂南大学 理工学部建築学科 教授)
花里俊廣(筑波大学 芸術系 教授)

タワーマンションは
大丈夫か?!
浅見泰司(東京大学大学院工学系研究科 教授)
齊藤広子(横浜市立大学 国際教養学部 教授)

壊さない
マンションの未来を考える
住総研「マンションの持続可能性を問う」研究委員会

マンションの終活を考える
浅見泰司(東京大学大学院工学系研究科 教授)
齊藤広子(横浜市立大学 国際教養学部 教授)

マンション法の現場から
●区分所有とはどういう権利か
丸山英氣(弁護士・千葉大学名誉教授)

新版
共有不動産の鑑定評価
●共有物分割をめぐる裁判例と鑑定評価の実際&
　所有者不明土地と共有問題
黒沢 泰(不動産鑑定士)

改訂増補
私道の調査・評価と法律・税務
黒沢 泰(不動産鑑定士)

改訂増補
賃料[地代・家賃]評価
の実際
田原拓治(不動産鑑定士)

所有者不明土地の法律実務
●民法,不動産登記法等の大改正による
　土地所有法制の実務対応
吉田修平(弁護士)

借地上の建物の建替えと
借地権の売買をめぐる
法律トラブル解決法
●借地非訟をめぐる80のQ&Aと
　100の重要裁判例
宮崎裕二(弁護士)

借地をめぐる66のキホンと
100の重要裁判例
●地主と借地人とのヤッカイな
　法律トラブル解決法
宮崎裕二(弁護士)

借家をめぐる66のキホンと
100の重要裁判例
宮崎裕二(弁護士)

増補版
共有不動産の33のキホンと
77の重要裁判例
●ヤッカイな共有不動産をめぐる
　法律トラブル解決法
宮崎裕二(弁護士)

固定資産税の38のキホンと
88の重要裁判例
●多発する固定資産税の課税ミスに
　いかに対処するか!
宮崎裕二(弁護士)

借地借家法の適用の有無と
土地・建物の明渡しを
めぐる100の重要裁判例
●駐車場・ゴルフ場・高架下・資材置場・
　ケース貸し・経営委託・使用貸借などを
　めぐるヤッカイな法律トラブル解決法
宮崎裕二(弁護士)

新版 〈不動産取引における〉
心理的瑕疵の裁判例と評価
●自殺・孤独死等によって,
　不動産の価値はどれだけ下がるか?
宮崎裕二(弁護士)/仲嶋 保(不動産鑑定士)/難波里美(不動産鑑定士)/
髙島 博(不動産鑑定士)

震災市街地の復興と
土地収用手続の実際
●震災市街地の復興事業で,わたしたちのまちづくりはどうあるべきか
平松弘光(島根県立大学名誉教授)